網野善彦　石井進

米・百姓・天皇

日本史の虚像のゆくえ

大和書房

はじめに

「だが見渡してみると、（中略）一冊の本の価値は軽くなっている。たとえば近年注目を浴びるAさんの本だ。数年前に出た正編は読んだ。感銘を受けた。続編のほうは途中までだ。そのあともAさんの本は共著、対談集を含めいろいろと出て評判だが、ぼくは読んでいない。それには理由がある。Aさんの一連の書物は一冊ごとにほぼ異なる内容をそなえているが、繰り返しも目立つのである。かたちを変えて繰り返し伝えるのは、必要なことである。しかし同時にこんなことも感じる。どうしてAさんの本は一冊あるいは二冊の基本的な図書で一旦終結しないのだろう。以前ならそれで十分だったのではなかろうか。これはおそらく著者の問題ではない。読者の問題だろうと思う。」

現代の読み巧者として知られる詩人の荒川洋治さんが、隔月刊の雑誌『大航海』に連載されていた読書時評「本を読む前に」中の一節である（『同誌』十五号。一九九七年四月、「月の砂漠」）。

これを読んだ時、途端にAさんとは網野善彦さんに違いない、と思った。「正編」を世評高かった『日本の歴史をよみなおす』（筑摩書房、一九九一年一月）、「続編」を『続・日本の歴史をよみなおす』（同書房、一九九六年一月）とすれば、時間的にもちょうどピッタリである。

しかしそれからほぼ一年後に、まさか網野さんと長時間の対談をし、一冊の本にしようというお話が舞いこもうとは思わなかった。大和書房の佐野和恵さん、さらには網野さんご本人からも懇切なおすすめを頂いた時には、どうしようかと迷った。先に引用した荒川さんの文章が目の前にちらついたことも事実である。

網野さんには対談集も多い。一冊にまとまったものだけでも、阿部謹也さんとの『対談　中世の再発見』（平凡社、一九八二年六月）を最初にして、谷川道雄さんとの『交感する中世』（ユニテ、一九八八年七月）、川村湊さんとの『列島と半島の社会史』（作品社、一九八八年八月）、森浩一さんとの『馬・船・常民』（河合出版、一九九二年五月）、鶴見俊輔さんとの『歴史の話』（朝日新聞社、一九九四年五月）、宮田登さんとの『歴史の中で語られてこなかったこと』（洋泉社、一九九八年十一月）と『神と資本と女性』（新書館、一九九九年七月）などなど、たくさんあり、しかもそれぞれが話題の本となっている。

ただその中には網野さんと同業の日本史研究者との対談が、まだ一冊もない。そのせいか、日本史、あるいは日本中世史については網野さんの主張をすべて前提とした上で話がはずんでいる場合が、どうも多いような気がする。日本史研究者どうしの対談が一冊くらいあってもよいのではないか。私ではとても力不足なことは明らかだが、専門分野の近いという点を生かして、少しでも網野さんに異論をぶつけてみれば、これまでの対談集とは違う味をひき出すことができはしないだろうか。

ちょうど網野さんの書き下ろされた『日本社会の歴史』（岩波新書）全三冊が完結したばかりで、その反響は大きく、私も『読売新聞』に書評を書くためにかなりていねいに読み直してみて、いくつかの感想や疑問をいだいていたところだった。それらの点を中心に網野さんと話し合いを進めたらどんなものだろう。

こうした理由でとうとう対談をお引き受けすることになった。一九九八年六月から何回かに分けて、断続的に対談を行い、さらに速記に二人が存分に手を入れて、ようやくこの形にまとまったが、読み返してみると果たして私にとっては散々の結果になっている。

そもそも日頃、人とは争わないようにつとめている私が、論争に際して破壊力抜群の網野さんと渡り合うことなど、土台無理な話だったのだ。しかしそのおかげで、ずいぶんとたくさん網野さんの新見解をうかがうことができて、私には実におもしろく、得るところの多い対談になったと感じている。願わくば読者の皆さんにも同様でありますように！

石井　進

二〇〇〇年三月一五日

『米・百姓・天皇』　目次

はじめに　石井　進

第五章　「百姓＝農民」は虚像か

第六章　倭国から日本へ――国号の問題

米・百姓・天皇

――日本史の虚像のゆくえ

第一章
通史を書く意味

【1】政治史・社会史

石井　網野さんの『日本社会の歴史』（岩波書店一九九七）三冊は、最近、日本史の本として珍しくベストセラーに入っているというので、新聞、週刊誌、月刊誌などに、いろいろ書評が出てますね。実は私も『読売新聞』（一九九八・二・一）に書評を書いたんですが、なぜこんなに読まれているかといえば、二一世紀を迎えようとしている今日、現在的視点に立った新しい日本史の歴史叙述が広くもとめられているのに、専門の歴史家の方は、分野ごとに研究がますます細分化していくなかで、全体的な視野を見失ってしまい、通史を書くのが極めて困難になっている。そういうなかで、従来の日本史の見方に根底からするどい批判を投げかけてきた網野さんが、独力で全部新たに書き下した日本史の通史で、しかも新書判だ、ということがアッピールしたんじゃあないでしょうか。

私の書評にも書いたんですが、内容はきわめて密度が高く、とくにいわゆる原始・古代を扱った上巻は、息苦しいほどです。しかも政治史中心の通史というスタイルをほとんど崩さずに叙述されているので、こんなにたくさんの人物名が本当に必要なんだろうか、『日本社会の歴史』という書名にふさわしく、もっと社会の変化の歴史に重点をおいた内容にした方がよかったんじゃないかなあ、という感想がわいてくるのも事実です。

一方で網野さんとしてはせっかく新しくいろいろお考えになったことも、この本では一行位しか書けないということで、多分、むずむずしておられるんじゃないか。また読者にとっても、網野さんの本当のお考えが十分伝わらないままになっているかも知れない。そこで、そういうようなところを中心にお話をうかがっていったら、最近のお考えなんかも一般の方にわかりやすくていいのではなかろうかと。

網野　聞き役に回りましたね（笑）。

石井　ええ。最初のうちはね。

網野　『現代』（一九九八・三）の井上章一さんの書評が大変早く出ました。『読書人』などほかにも同じような問題を指摘した批評もありますが、ようするに、社会の歴史といっているけれども、非常に政治史中心の歴史で、これまでの歴史とくらべてとくに目新しいところがないというご批判ですね。

そうした批評の中の典型は、「今まで読んだ網野の書いたものには少しはびっくりするところがあったけれども、これは何も驚かなかった」という批評で、これらはいずれも当たっていると私は思っています。

石井　井上さんのは、ちょっと違うんではないですか。井上さんがよく愛用されてる方法なんだけど、東と西の歴史家、東大出と京大出はちがうという二分法なんですね。その上で網野さんは、ずいぶんと京都風をとり入れてるけど、やっぱり東の見方だという話でおしまいになってしまってる。これには網野さん、いろいろおっしゃりたいことがおありでしょう。でも東と西の歴史家のえがく歴史像がちがう、といい出されたのは、たしか本来網野さんだったんですが……。

網野 たしかに封建領主制という用語をほとんど使っていないとか、南北朝の動乱の重視などについては井上さんのいわれる通りでしょうが、「東国の王権」などという表現は西の歴史家には総スカンをくうのではないでしょうか。しかし『文藝春秋』(一九九八・六)の山折哲雄さんのご批評はちょっと違います。山折さんは、中世に関する私の考え方では、本質的に近世、近代は切れないといわれているので、近世、近代が書けなかったのは、私の方法そのものの問題だというわけです。

そこで私の方法として山折さんが捉えられていることが、本当に私自身なのかどうか、私にはちょっと疑問があって、そこにも誤解があると思います。しかし、人が自分をどう見ているかと、自分自身が考えている自分とのずれがありますから、それはべつとして、なぜ、近世と近代が書けなかったかは、これから議論する問題と非常に深い関わりがあると思っています。

つまり今までの近世史、近代史の研究は、間違いなくすべて農民、農村中心の理解の仕方で行われてきたと思います。一例をいえば、江戸時代は自給自足の農村を基本とする農業社会であり、商品経済が江戸中期から農村に浸透し、農民層が分解する過程で地主制、資本主義が形成され、近代が展開するという理解の仕方が根本にあったと思います。しかし、最近、近世、近代について少し勉強してみると、とうてい、そんなことはいえそうもないという印象が強くなりました。

たとえば、古島敏雄さんが山川出版社の『産業史』Ⅲの中で、壬申戸籍《じんしんこせき》にもとづいた職業別の人口統計を引用しておられるのですが、それによると農七八％、工四％、商七％、雑業九％、雇人二％という数字になっています。農は約八〇％で、工は五％にもならないたったの四％なのです。これだけみると江戸時代末の日本は商工業は全く未発達の農業社会ということになります。

しかしさすがは古島さんで、農の中には林業、漁業は含まれていただろうといっておられるのですが、最終的にはこの数字は日本の社会における農業の比重が、いかに大きいかをよく示しているという結論におちついておられるのです。

石井 それは明治初年のことですね。

網野 明治五年から九年にかけての平均で、壬申戸籍による職業別の人口構成です。

もちろん古島さんは、そのほかの具体的な産業統計も使っておられるのですが、この見方が牢固として基本に座ってしまっているのです。古島さんの全体のお考えからみても、矛盾すると思うのですが。しかし、地租改正もこうした見方の基調で評価されていますし、遡って江戸時代の享保の改革をはじめとする三大改革も、すべて農業の矛盾の中で理解されているのが現状ですよね。

そうすると、近世・近代史については極端なことをいえば、すべてやり直して考え直さなければならないことになるわけです。そのようなことを私一人でできるはずがありません。

石井 ということは、山折さんは、網野さんの方法の破綻だとおっしゃるけれども、それは網野さんの方法が云々ということではなくて、これまでの日本の学界の研究が、近世、近代についてきわめて不十分であると。

網野　不十分というより大きな偏りを持っているといわざるをえません。偏りを持ってはいけないと思って見直そうとしても、それは断片的にしかできないのです。だから、『大航海』（一九九八・十二）で荒川洋治さんがいわれたように、最後の章は思っていることだけを気楽に書きました。

石井　荒川さんはテリー伊藤さんとの対談（『一冊の本』一九九九・一）でも同じように、だから、そこがいいんだとおっしゃってますよね（笑）。

網野　ええ（笑）。相手の弱点だけを並べ立てればいいわけですから書きやすかったのです。でも、それを実際、自分の意見、考えとして体系的に展開することは、少なくとも中世までのペースでは、近世後期、近代についてはとうていできませんでした。

中世の戦国時代までについては、最近の研究が非常に深化して、これまでとは変ってきていますから、それに乗って書けばある程度は書けますけれども、それはせいぜい近世の初期までで、近世の中期以降、近代については、もちろん私の不勉強もあってちょっと不可能でした。

そういう意味で方法的に挫折したというのではなく、方法的に貫徹することは可能だと思っても、もともと勉強不足だし、全く新しく近世、近代の史料を読んで、その通史に挑むなど、七〇歳になったいまは到底できなかったのです。

石井　個人だけの力では。

網野　不可能です。

石井　個人の力ではまだできない状態で、これは方法の挫折ではないんだということですね。

網野　そういうことですね。年齢による「挫折」です。

石井　はい、よくわかりました（笑）。

【2】書けなかった「近世・近代」

網野　研究のレベルの問題もあると思いますね。

　近世の研究も変わりつつあるとは思いますけれどね、やはり私は農業中心に偏っていると思います。中世の場合は、かなり変わってきたのじゃないかという印象を持っていますが、いかがですか。

石井　さあ、どうでしょうかねえ、私は何も読んでいないから……（笑）。

網野　ははは。もともとこの本は、概説をスペイン語で書こうということから始まったものですからね。最初、私はほんとうに概説を書くつもりで仕事をはじめていたのです。

石井　それも何世紀かぐらいまで原稿ができていたということでしたね。

網野　手書きの原稿は八世紀ぐらいまでは書いてあったと思います。それをスペイン語に翻訳したものが、少なくとも弥生時代ぐらいまではあると思います。

それで、仕事が止まってしまうわけです。神奈川大学の短大に移って、日本常民文化研究所の仕事も忙しくなりはじめましたからね。そうなると、もうとうてい不可能という感じになって、全体は当面あきらめて、おおざっぱな、ごくごく短い概説、二五分間で日本史全体をまとめたようなものをスペイン語にして、ペルーに最初にいったときに話してもらいましたし、その後いまいった弥生時代までのスペイン語訳などを含む報告書をつくって、いちおうペルーに対する義務はすませたのです。

ところが、このことを岩波書店の松嶋秀三さんに話したところ、是非、これを岩波で出そうという話になってしまったのです。実はそのとき、名古屋大学の小田雄三さんと羽賀祥二さんに下書きを書いていただいて、私が手を入れることも考えて、実際に一部原稿を書いていただいたのですが、お二人とも多忙になられたこともあってそれはあきらめました。

それで、私が書いておいた原稿は、ほとんど役に立たなくなった……。

石井　破棄ですか？

網野　破棄はしなかったのですが、もう一度、ノートにつくり直すか、あるいは原稿に大幅に手を入れた形にしたと思います。ともかくそれにもとづいて、岩波の編集者の前で話をしたのをテープからおこしてもらったのです。だから、事実上、新しく書き下したということにはなってはいるのですけれども、やはり、最初に書いたものがあるとそれに引きずられましたし、古代の政治の分野は、私もよく知らないので思い切ったけずり方ができなかったために、書いておいた部分が残ったということがあるでしょうね……。

ただ社会、経済、文化、政治の動きが、高校の教科書ではバラバラになっているのですね。それをなんとか自分なりに統一して筋を通せないか、と思って高校の教師をしているころから努力はしていたので、それを思い出しながら。政治史の叙述が多くなりすぎているなとは感じつつ、意識的にそうした路線を貫いてみようと思って書いたことは事実です。

とくに、社会の動きに対して国家がどういう作用を及ぼしたかを考えていくためには、どうしても政治に踏み込まざるを得ないところがあって、こういう形態になったといえます。私は「国家を無視して」いる、という御批判が永原慶二さんをはじめ大変に多いのですが、私自身は社会に対し、国家はどのような関係にあり、どのような作用を、影響を与えたかを考えているつもりなので、これは大変心外なのです。

逆に、小山靖憲さんなどは、政治史をいっさい省いて社会の歴史だけ書けばよかったといってましたね（笑）。大変挑発的な御意見で、たしかにそれができればそれなりにおもしろいとは思うのですが、しかし、高校で十一年間、教えていた経験があるものですから、社会、経済、文化、政治を統一的にとらえた概説を自分なりにまとめてみたいという気持ちがあったことが、よくもあしくもこういう形になってしまったのだと思います。

もうひとつは、短大で教えた経験では、歴史の概説を教えようと思っても、全然、学生が聞いてくれなかったんです。致し方なしに、いろいろ考えて、どういう問題を話すと学生たちが驚くかを考えるようになりました。そうした問題をこれまでの概説に結びつけて書いてみたらどうかと考えて、努力してみたのがこの結果です。

ただ、正直なところ、もう少し勉強してから書きたいという気持が最初はあったのです。現代まではいかないとしても、近世、近代は書いてみたいという気持ちはあったのです。しかし能登の勉強をしているうちに近世の百姓も、制度上は言葉どおりの用法で、決してイコール「農民」ではないということが非常にはっきりわかってきました。

また、明治になってから、壬申戸籍は、士農工商の基準で百姓、水呑《みずのみ》をすべて、「農」にしていたことがわかりました。そうすると、この誤りを前提にして組み立てられてきたこれまでの近世、近代史の見方、例えば尾藤正英さんが『江戸時代とはなにか』（岩波書店一九九二）で江戸末期、明治初期には「人口の九〇％が農民」といわれ「農民（百姓）と商工業者（町人）」といわれているような捉え方で、近世・近代を捉えてきた従来の近世史・近代史研究の全体に非常に懐疑的になると同時に、これまでの研究だけをいくら勉強しても、自分自身のイメージが描けそうもないと思うようになりました。すべてオリジナルな史料からやり直し、研究し直すということになると、私の小さな力では、とうてい及ばないと考えざるをえなくなりました。

たとえば近代の地租改正、松方デフレ、産業革命についても、自由民権、大正デモクラシーなどの政治の経緯も、果たしていままでいわれてきた常識通りでよいのだろうか、という懐疑が雲のようにわきあがってきたのです。また江戸時代を専制的な「純粋封建社会」などと規定して組み上げられてきたこれまでの概説についても、途中まで書いてきて、決定的な疑問が出てきたのです。

たとえば林基さんの明らかにされた松波勘十郎のような人物、藩政改革請負人のようなタイプの人がたくさんいたようですね。俳人の上島鬼貫《うえじまおにつら》も、そうした人物だったことがわかってきている以上、近世を後期まで描くのは、大変難しいという気持ちになってきました。もちろん私の力がなかったからですが、最後に弁明を兼ねた一章を設けて終わりにしてしまったわけです。

その意味で、山折さんがおっしゃっているように、私の方法では確かに現状においては近代までの概説はできないし、挫折したのもほんとうなのですが、方法的な挫折というよりも、新しく研究すべきことが余りにもたくさんあって、それが全部終わってから書ければ一番良いのですけれども、それには到底、命が足りないし、やむを得ないといわざるをえないのです。その意味での挫折であることは確かだと思いますが。山折さんのおっしゃっている点については、ちょっと違うなという感じですね。

私は無手勝流なので、新しいことがわかれば、どしどしイメージは変わりますから。私自身は何か固い方法や公式があって、時代を切っていくというやり方とは対極にいるつもりでおりますのでね。あと一〇〇年、命がありましたら……。

石井　さっきのお話のように、方法の限界ではなくて、年齢の限界なんだと。

網野　そのひと言で尽きますね（笑）。しかし、それは、もはや望めません（笑）。

石井　いや、網野さんだったら、まだまだ大丈夫ですよ。

第二章

なぜ「米」なのか

【1】米の性格と機能を見直す

石井　それでは『日本社会の歴史』について、議論すべきテーマはいろいろあるんですが、まず最初に日本の農業の捉え方の問題から入りたいと思います。日本農業は水田稲作、米作だけでは捉えられないんだ、ということを網野さんは近年、いろんな場で発言しておられる。その見方は、この『日本社会の歴史』をつらぬく太い糸になっているので、まず「なぜ米なのか」、あるいは「なぜ、米でないのか」という点から論じてゆきたいのです。その時に、以前、考古学者の佐原真さんが、網野説に対する疑問を「米と日本文化」と題する論文（『国立歴史民俗博物館研究報告』六〇集一九九五）でまとめておられるので、これがちょうどよい議論の手がかりになるのではないか。

網野さんがほぼ一貫して重視しておられる論点のひとつは、古来の日本は決して水田稲作に一本化された農業国ではなかったんだということですね。『日本社会の歴史』でも、弥生文化以来いたるところで、この見方がくり返され、詳しく説かれています。これは日本文化は稲作民族の文化だという、明治以来の常識をひっくり返す見方で一般の読者はビックリされるかもしれませんね。

しかしすでに一九七〇年代から、民族学の佐々木高明さんは日本文化の源流の見直しという視点で『稲作以前』（日本放送出版協会一九七一）などの著作、民俗学の坪井洋文さんは、日本文化＝稲作文化中心の柳田国男民俗学に対する批判の書として『イモと日本人』（未来社一九七九）や『稲をえらんだ日本人』（未来社一九八二）などの著書を次々と出してこられました。網野さんは、こうした流れに平行しながら、歴史の分野でまた従来の通念を徹底的に批判された。ですから、こうした日本文化＝稲作文化論への見直しは、決して網野さんだけの見方ではないんですが、ただ一般の読者のなかには「エッ」と驚く方も多いかも知れない。ただこの問題については、まだ見直しがはじまったばかりで、いろいろとわからない点もたくさんあります。そこを少し今日はつっこんでみたいと思います。

網野　あとで議論する問題とも絡むことですが、私自身も勉強しているうちに多少考え方が変わってきたところがあるのです。

というのは、山折さんもいわれている非農業民について勉強して、『日本中世の非農業民と天皇』（岩波書店一九八四）をまとめたころは、中世社会ではかなりの比重を農業以外の生業が占めているとは思っていたのですが、全体としてはやはり少数派であり、それ故に、商工業者は別として、海民、山民などの非農業民は、中世後期以降、いっそう少数派に転落していくと捉えていたのです。それは、山野河海の世界が農業に押されていくということとも関わりを持っているわけで、全体として見れば、それはいまでも事実だと思っています。

そして、十四、五世紀に、そうした方向への転換がおこったということについては、異論もたくさんあるのですが、この点は今も考えは変わっていません。ただ、その後に気づいた、江戸時代の百姓も直ちに農民と見るのは明確に誤りだという事実を確認した上で考え直してみると、どうも、非農業民が少数派になったなどとは到底、すぐにはいえないので、イデオロギーとしての「農本主義」、さらに体制の上でも農業中心の見方が大きな意味を持って作用しており、実態に即してみると、農業と商工業・非農業の比重は、近世になっても決して農業が圧倒的な比重を持つような状態にはなっていないのではないかと考えるようになってきたのです。

それからもう一つ注意しておきたいのは、少なくとも西日本では米が貨幣の役割を果たしており、むしろ田畠のないところに米が集中的に集まるという事実があるのです。たとえば十四世紀初めのころ、田畠のほとんどない若狭の常神浦の刀禰《とね》が、娘に米一五〇石、銭七〇貫文、絹の小袖六着、五間屋という大きな家、それに山木・材木、そして大船、下人五人を譲っているのです。田畠は全く譲っていません。しかし同じころ内陸部の百姓は五、六石からせいぜい十石くらいしか米を持っていません。

このように米は、日常の食料というより、ハレの管理された穀物で、流通手段になりうる性格を本来的に持っているんですね。今までのように、ただ米は日本人の主食で生活文化の中心だというだけでは、この問題は決して解決がつかないのではないかと思うのです。

一九九八年に刊行した『日本中世の百姓と職能民』(平凡社)に掲載した、中世の荘園・公領の年貢の表に即してパーセンテージを計算してみると、年貢として米を出している荘園は、判明する限りの全荘園（六七六）の中で二六〇、比率は三八％です。これに対し絹と綿と糸、布などの繊維製品を出している荘園は、約三〇％になります。

しかも、米を年貢にしている荘園は西国に多いのですが、荘園の年貢がわかる史料は西国に多く、東国には非常に少ない上、西国の荘園は小規模だからたくさんの数になります。にもかかわらず、米以外の物品を年貢にする荘園が、六二％という大きな比重を持っているということは、私はやはりただ事ではないと思うのですね。

年貢として米以外のものを出している百姓は、必ずしも農民ではありません。だいたい「農民」という言葉は古代、中世にはほとんど出てきません。皆無ではないと思いますけれども、中世の史料では見たことがありません。古代に「農民」という言葉を一ヵ所見たことがありますが、だいたい、「農人」か「農夫」ですね。「農人」が一般的で、「農夫」も少なくありません。

そういう意味で、米を年貢としていない荘園の百姓を単純に「農人」といえるかどうか、大変に疑問ですね。

絹や布を年貢としている百姓の実際の生活の中での生業は、絹織物、養蚕、布の織物の比重の方が重いのではないかと、私は思います。例えば、瀬戸内海の伊予国弓削島荘《ゆげのしま》の百姓は主として製塩をしています。少しは田畠も持っていますが、この島の百姓は製塩民で、農民などとは到底いえないですね。同様に備中国新見荘《にいみ》の、吉野村で鉄を年貢として出している百姓も製鉄民で、農民とはいえないと思います。

これを農民といってあやしまなかったのは、今までの歴史学の偏りからくるのだと思います。そのため言葉、学術用語がないのですが、「製鉄民」、「製塩民」、あるいは「養蚕民」とでも呼んだらどうかと思います。これは学界では通用していないし、まだまだ通用しないと思いますけれども、新しい用語をつくることを考えなければならないと思うのです。

実際、尾張や美濃の荘園の年貢は全部、絹ですね。いろいろ話を聞いてみると、明治以後でも桑だらけだったようですね。濃尾平野は近世になって水田地帯に変わってきますが、それでも桑が非常にたくさんあったようです。そういう点からみて、東国では絹は米と同じぐらいの比重を持っており、貨幣としても通用しています。ですから、東国は米文化とは決していえないと思います。

【2】「稲作文化論」の見直し——「米と日本文化」をめぐって

石井　何かもう網野さんに先まわりされて結論をいわれてしまったみたいですが、もう一度立ちもどって佐原さんの論点の概略の紹介と、それに対する私の考えを述べさせて下さい。まず水田稲作の歴史、その役割の評価について、佐原さんは最後のところで、次のようにまとめています。「日本本土文化を考えるとき、稲作偏重文化論、すなわち米一辺倒の理解が正しくない、という網野・佐々木・坪井さんの考えは基本的に正しい。またこれらの方がたも、稲作文化が本土文化で果たした役割の大きさを否定しているのではない。……過去のパラダイムが崩される時、それを崩す側の見解は、強調のあまりしばしば行き過ぎる。あるいは、論者みずからは控えめに発言していても受けとる側がそう受けとってしまうことがあるのだろう。稲作偏重文化論批判にもまた、そのような傾向を私は感じとる。そしてその議論が、日本は稲作を捨ててもよい、という議論に安易に結びつかないことを、切に願うものである。」

こうした立場の人は結構多いと思うんです。それに私自身もここで引用した部分については賛成ですから、その意味でも佐原論文を手がかりにすることがよいのではないかと考えた次第です。

さて佐原論文は、一、「縄文の米」、二、「弥生米と堅果」、三、「本土文化における米の評価」と三章に分かれています。まず縄文の米については、近年の研究法の進歩によって、すでに縄文人がイネを栽培していたことは明らかになった。しかしそうした発見があっても縄文人は基本的にドングリなど堅果を主食としていたことは確実で、縄文社会の米は決して基本的に重要な食品ではなかったと結論しています。この見方は、ちょうど『日本社会の歴史』での縄文文化の叙述とも一致しますね。

次に米作が本格化する弥生文化については、『日本社会の歴史』では、縄文晩期として出てくる佐賀県唐津市の菜畑遺跡など西北九州で出てくる水田遺跡はみな、弥生文化の産物とすべきだとします。それは食料生産にもとづく文化という面で弥生文化をとらえ、それまでと質を異にする文化を弥生文化とよぶべきだという立場からです。さらに弥生時代の米の生産量が低かったという従来の説に対し、農耕社会の成立、人口の増大、村の数も規模も大きくなり、政治的社会が成立するなど、急速な「古代化」は、充分な米なしにありえない、「弥生時代の米の生産量は、実は大きかったに違いない」と主張されます。ただし生産量を明らかにしたわけではありません。

いよいよ網野さんに対する佐原さんの批判に入りますよ。弥生以後、歴史時代における米の評価について、佐原さんはもっぱら国立民族学博物館（以下、「民博」とします）の小山修三さんや石毛直道さん、とくに小山さんと五島淑子さんの連名論文「日本人の主食の歴史」の主張を支持し、それに従って網野批判を進めるというスタイルをとっています。

ですから先に小山・五島論文から紹介しますと、これは民博が力を入れてやっている共同研究の一つの「東アジアの食事文化」の一部として行われた研究で、主宰者だった石毛さんの編集した同名の論文集（平凡社一九八五・八）に発表されたものです。その本の最初に石毛さんが全体をまとめ、個々の論文の趣旨や位置づけを行う解説をのせていますが、そこでは以下のように全体を整理しています。

「日本の農耕文化の起源をめぐる民族学や民俗学の分野では、二つの大きな意見の対立がある。一つは弥生文化による水田稲作の導入によって、現在につながる日本文化の基礎がかたちづくられたとするもので、今一つは稲作以前から雑穀やサトイモを栽培する農耕文化が存在し、近代まで継承されてきたとするものだ。食物について、後者は江戸時代以降の農・山村の実態からみて、コメを主食としていたとはとても考えられず、配給制度の実施ではじめて日本人全体が日常的にコメを食べられるようになったのだとする（民俗学者にこの説が多い）。それに対し前者は主に考古学資料によって、弥生文化以来、日本人は米食民族だと主張している。

この二つの立場が対立している日本人の主食論争に突破口を切りひらくためには、かなり広い地域を対象に食生活パターンを実証的に復元し、人口動態と重ね合わせることが必要だ。巨視的にみれば、ある社会の食料供給量と人口支持力にはきわめて強い相関があることがわかっているからだ。」

そこで小山さん（考古学）と五島さん（栄養学）は、明治初年に完成した飛騨国の地誌『斐太《ひだ》後風土記《ごふどき》』に、当時の食料の種類と生産額が記されていることに着目して、その歴史的食生活パターンを栄養学的に復元してみせた。実はそのもとになった論文は四年ほど前に民博の『研究報告』にのっていますが、コンピュータ民族学の初期の成果とされているものです。

さて、十九世紀後半に関するこの研究を基礎にしながら、小山・五島さんは日本人の主食の変遷を大きく四段階に分けて説明します。

（一）堅果類の時代（縄文時代）
（二）コメの時代（弥生時代から十二、三世紀まで。稲作の普及による急速な人口増加、主食はコメに収斂）
（三）コメ＋雑穀の時代（十四、五世紀からの経済社会化にともない、主食は雑穀に拡大）

（四）コメ、雑穀、サツマイモなど、多様化へと向う時代（十九世紀からの工業化にともなう）

そして鬼頭宏氏による日本の歴史人口の拡大の四つの波が、まさに主食の変遷の四つの時代に見事に対応するのだという。こうした主張を栄養学的数字でさらに細かく説明してみせます。

一見するとまことに明快で科学的な内容のようにみえます。佐原さんももっぱら小山・五島論文にのった上で、今度はかつて網野さんが集成した中世民衆の財産目録リスト十三例について、網野さんに対する批判的なコメントをつけておられる。その結びに十三例中十一例までは米を所有しており、もたないのは二例にすぎない。しかも二例とも十五世紀に属するから、コメ＋雑穀が主食となったのは、十四、五世紀からという小山・五島さんの説に好意的であるとしておられます。この点については、ぜひ網野さんからの反論をお伺いしたいところです。

佐原さんは網野さんがあげた具体例について言及していますから、まずそれについていかがでしょうか。（34・35ページの表参照）

網野　佐原さんは、十三例中十一例まで、米のあることが大事なんだといっておられるわけですが、私は、米が大事でないなどといった覚えは一度もありません。ただ、みなさんが米しか大事なものはないとしかいわないので、米以外にも大事なものがたくさんあるといっているのですが、そうすると米は大事でないといっているといわれてしまうのです。

縄文と弥生の問題は専門ではないのでわかりませんが、なにも日本列島全体を一色で時代区分する必要はないと思います。列島西部が弥生になっても列島東部、あるいは東北は縄文とみることのできる時期もあるでしょうし、たとえ東国・東北に水田の遺跡が一部出てきても、それを直ちに弥生文化といい切ってしまってよいかどうか問題です。さきほどもいったように中世でも東国と西国は明らかに異質で、時代区分を別に考えてもいいほどなのです。

米の機能は、東の絹、布と同じで、西国では米が交換手段、流通手段でもあり、価値基準にもなります。土地一反は米何石で買うという交換手段にもなりますし、鉄一挺は米何石に当たるというふうに価値基準にもなるわけで、これは貨幣といってもさしつかえないと思います。

しかも、年貢の賦課基準が田地であるという点は、厳然たる事実で、そうなれば当然年貢として貢納される特産物と田地の米との交換という手続きが行われるはずです。荘園が自給自足経済などというのは最初から全く成り立ちません。そういう意味で、米は最終的には食料になるでしょうが、交換手段、貨幣の役割を非常に果たしていたと考える必要があるというのが私の考えです。その意味で、米は大事でないどころか、少なくとも列島西部では、聖なる穀物であり、それ故に貨幣にもなり、資本にもなり得るという性格を持ったものと思います。

しかし、逆に、この百姓の財産を見ると、米以外のものが非常にたくさんあるわけです。粟がけっこう出てきますね。(4)の貞和三(一三四七)年の太良《たら》荘の黒神子《くろみこ》は粟一石に対して米は五斗ですね。粟は意外に大きな意味を持っていると思うんです。もちろん米はたいしたことはないといっているのではなく、思ったより少ないし、特に内陸部に米が少なくて、さきほどもいったように、むしろ海辺の田畠のないところに米が一五〇石もあるということも、どう考えたらよいか

「古代・中世の庶民がもっていた食糧」一覧

1 1170(嘉応2)年 11月
摂津国河南荘　桜住人(男)

米　9斗5升
(御僧供米6斗、私物3斗5升)
大豆4斗5升
串柿30把

家がさし押えられた時の資財目録による

2 1330(元徳2)年 閏6月
備前国則安名の百姓と推定される宗大夫(男)と下人の藤三郎(男)

米　6俵
麦　10俵(*)

住宅からさがし取られた物資目録による

3 1334(建武元)年 11月
若狭国太良荘の蔵元の角大夫(男)

米　7石　　粟　5俵
籾　10俵　　大豆6石

年貢以下さがし取られた物資目録による

4 1347(貞和3)年 9月
若狭国太良荘の小百姓黒神子(女)

米　5斗
粟　1石

財産目録による

5 1359(延文4)年 12月
山城国上桂登大路の藤三郎(男)

米　3俵(1石5斗)
大豆1俵(5斗)

押し取られた物資目録による

6 1305(嘉元3)年 6月
肥前国五島青方村の住人宗次郎(男)

米　2石3斗
麦　62把
塩　32石

住居などを焼かれ、さがし取られた物資目録による

7 1316(正和5)年 11月以前
若狭国常神浦の乙王女(女)

米　150石

浦のリーダーである刀禰蓮昇が娘の一人に譲ったもの

8 1291(正応4)年 9月
紀伊国荒川荘の山僧法心(為時)(男)

米　21石5斗
(日吉大行事彼岸米)
米　10石3斗
籾　5石8斗
麦種10石(大麦7石、小麦3石)
大豆3石
小豆2石2斗
蕎麦1石5斗

持屋12軒を焼き払われ、財産をうばわれた被害目録による

9 1425(応永32)年　4月 山城国上野荘の百姓兵衛二郎(男) **藁籾30バカリ　乾菜** **豆　1俵　芋茎30連** **粟　1俵　味噌1桶** 家屋をさし押えられた時の物資目録による	10 1450(宝徳2)年　11月 若狭国太良荘の百姓泉大夫(男) **米　1石　稲　40** **籾　1俵少　大豆1石** **したの籾6　味噌1桶少** 家内を追捕された時の物資目録による
11 1438(永享10)年　1月 若狭国国富荘の百姓さとう **米　2升** **粟　2升** 逃散した百姓の財産を守護代にうばわれた被害目録による（以下12、13は同じ）	12 1438(永享10)年　1月 若狭国国富荘の百姓酒屋 **酒　3斗5升**
13 1438(永享10)年　1月 若狭国国富荘の百姓上おうや **白米3斗**	14 1487(文明19)年　7月 京都の御所前(東寺付近？)の左衛門太郎(男) **麦　5斗7升** (内、小麦は1斗7升で代金570文) (残りの麦の代金は1500文) **豆　畠**　(代金20文) 犯罪をおかし逃亡したとして財産をさし押さえ、売却した時の目録による

(＊)　2で網野は『中世再考』で「米俵10」と記してしまったため、佐原氏から「表には麦はない。しかし本文には麦とある」と注意された。あらためて本表のように「米6俵、麦10俵」と訂正したい。

(＊＊)本表には佐原氏が網野の論文にもとづいて作られた表を若干改変して作成した。しかし、通し番号等は一致させてある。

ということですね。ここに大きな問題があると思います。

(3)に米を七石、籾を十俵を持っている角太夫という百姓がいますね。建武元（一三三四）年のことですが、この人は太良荘の蔵本百姓なんですね。それでもこの程度しか持っていません。また粟も五俵持っています。一方、二一石五斗持っている(8)の山僧の法心は借上《かしあげ》であり、これは日吉《ひえ》大行《だいぎょうじ》事彼岸米《ひがんまい》、ふつう日吉上分米といわれる貸付、金融の資本なのです。むしろ都市的な性格の金融業者ですが、そこには米や銭がたくさん集まっているのです。こういう人たちのところには米は当然集まるだろうと思います。

石井　これは、十三例あるわけですけれども、それを分類して、説明をされたほうがよろしいのではないでしょうか。

網野　ここにあげられている例の中で、米が年貢になっている可能性は十分にあります。とくに若狭、摂津、山城などの西国の荘園・公領の年貢は米が基本ですからね。角太夫や黒神子の場合、いずれも米は年貢として納めてしまう可能性があります。

それから、(1)の摂津の桜の住人の場合、九斗五升のうち六斗は年貢で、三斗五升だけが私物です。大豆四斗五升、串柿三〇杷が食糧として大きな意味を持っていたと思います。若狭の例が多いのですが、若狭の荘園の年貢は米ですから、その点を考慮しなくてはなりません。

ただ、さきほどあげた(7)の若狭の常神浦の場合、田畠がほとんどない浦に米が一五〇石、銭七〇貫文もあるのです。これは大船による交易を集積しているのだと思います。大変な量の米が海辺に集まるのです。(6)の肥前国五島の青方村の場合には塩が三二石もあり、米は二石三斗程度しかありません。

いずれにせよ米は年貢になり、貨幣にもなるのですから、財産目録にみられる米を直ちに食糧として考えるわけにはいかないだろうと思います。

石井　一年のうちのどの季節のものか、その時期にもよるんじゃないですか。

網野　それはそうですね。

石井　収穫した直後の時期なのか…、端境期に持っているということになると、また別ですからね。

網野　おっしゃるとおりです。ただ、太良荘の事例は九月、十月で、たしかに角太夫は米七石、籾俵十俵とかなりの量を持っていますが、山城国上桂荘の藤三郎の事例も十二月ですが三俵しか持っていないのに対し、備前国則安名の宗太夫の例は五・六月なのに米を六俵も持っています。やはり百姓の性格にもよるのでしょうね。

そこで、佐原さんのお話に戻りますが、たびたびふれたことですが、米は、少なくとも西国では大変大事な穀物ですが、いわば〈ハレ〉の穀物で、神に捧げ神事に深く関わりを持っている性格を持っており、そういう性格があるから、流通手段や交通手段、あるいは価値基準にもなり、資本にもなったのだと思います。日常の〈褻《け》〉の世界の食糧ではないのです。

山僧法心の日吉上分米はいい例ですね。こういう形で神物だから金融の資本にもなるし、流通もするわけですから、米は都市的な場、都市に集まり、そこで消費されるのだと思います。

だから、米についても、生産した人が米を食べている、と短絡的に史料を読んでしまうと大間違いをすることになるのではないかと思います。実際に米を食べているのは都市ないし都市的な場の人たちで、近世の都市は江戸、大坂、京都の三都ではなくて、村として扱われた都市が非常にたくさんありますから、実際の都市人口はかなり比率が高いと思うのです。だから十四、五世紀から江戸時代にかけて米の需要がふえてきます。とくに江戸中期以降は著しいので、活発な水田の開発が行われます。それは売るための米の生産だと思います。

石井　その都市はいつごろからあったんですか。

網野　源流は十四、五世紀から始まると思いますね。

石井　もっと古くても……。

網野　関渡津泊や市宿のような「都市的な場」は、もちろん、もっともっと古くからあったといってよいと思います。もちろん都市的な要素や市庭は縄文時代からあるといってもいいわけですから。ただ、在家が集住して、都市として在家検注が行われるようになるのが、十四、五世紀だということです。

石井　そうですね。弥生の纏向《まきむく》遺跡が都市だとか……。

網野　吉野ヶ里も都市だという説がありますね。

石井　ええ。そうした見方は、ゴードン・チャイルドの、古代文明の成立は都市からだという考え方にももとづいているわけですけどね。

網野　「商業は人類の歴史とともに古い」というのは、三内丸山遺跡をみても真理ですね。そういう意味で、都市的な要素は人類とともに古いともいえます。

しかし、都市的な人口が急に増してくるのは……、十五、六世紀でしょう、永原慶二さんも「戦国期には都市は簇生していた」などと最近、書いておられますけれども、これは十四、五世紀に遡って考えてよいと思います。

石井　ただ、都市に集中している人口が、なぜ、米を好んで食うのかという問題がありますね。

網野　たしかに、それは問題ですね。

石井　といって都市民が米だけ食えるのかというと、そんなことはないと思うんです。

網野　もちろん、そうでしょうね。しかし流通手段としての米が集まるのは否応なしに都市ですから、都市民の食糧になるのではないでしょうか。

【3】主食は米か──『斐太後風土記』

石井　ところで佐原さんがもっぱら根拠にしているのが、民博の一連の研究で、その出発点が、さっきいった明治初年の飛騨国の食糧の種類と生産額を計算した共同研究です。小山さんをファースト・オーサーにして、以下、松山利夫・秋道智弥・藤野（五島）淑子・杉田繁治さんが共著者の「『斐太後風土記』による食糧資源の計量的研究」というA5判で二百数十頁にのぼる大論文でして、民博の『研究報告』六巻三号（一九八一）にのっています。まさに題名通り『斐太後風土記』に記された各村ごとの生産物を集計して、明治初年の飛騨国での食料の種類と生産額を割り出したものなんです。

コンピュータ民族学の業績だそうですが、要するに計算にコンピュータを使ったからコンピュータ民族学だということのようで、議論の筋道そのものはきわめて単純なんです。『斐太後風土記』に記された村ごとの食料生産高を総計して、総カロリーやタンパク質量を推定する。それを『後風土記』にのった人口で割って、一人当りの摂取カロリーやタンパク質量を出して、それが多いか少ないかを論じる、あるいはコメや他の食料との比率を論じよう、という手法なんです。

実は私、今回はじめてこの論文を読んでみたんですが、とても理解しがたい部分があるのにビックリしてしまったので、まずそのことをいわせてください。

『後風土記』の末尾には附録として明治三（一八七〇）年に他国から買い入れたものの種類や量、価格の一覧があって、そこにはコメや雑穀、塩、茶などが記されています。一方、これと並んで明治三年と四年にそれぞれ飛騨から他国に売り出した品物の数量と価格ものっています。その点はちゃんと計算して、買い入れは総生産量からプラス、売り出した分はマイナスとして増減してあります。それは結構なんですが、私の疑問は、明治三年といえば廃藩置県の前年ですから、江戸時代以来の税制で、相当程度が年貢として上納されていたはずです。かりに五公五民とすれば、それだけでもカロリーやタンパク質量は半減してしまうんじゃないか。

その点を一体どう処理しておられるのか、大変気になりだしました。小山さんのご専門の縄文時代ならば、国家成立以前ですから年貢や租税の分は考えず、総生産量を総人口で割って、ハイ一人当りこれこれです、でいいのでしょうが、何しろ明治のごく初年ですからね。そこではじめて『斐太後風土記』を調べてみました。そうすると附録の、他国への売り出し分、他国からの買い入れ分の一覧の前にチャンと明治三年分の「悉く国用に充《あ》つ」と但書のある「穀物歳収現石」の一覧表があるんです。これこそこの年の年貢分の内訳表に違いないので、住民の食料を計算する時には、当然、総生産高から年貢分を引いた残り、プラス他国からの買い入れ分、マイナス他国への売り出し分で算定しなければならないはずです。これはコンピュータ以前の常識だと思うんですが、まったくその点に考慮を払った形跡がない。小山・五島論文では、わずかに一行、「飛騨で生産された穀物と移入された穀物のすべてが消費にあてられたと考えると」、こうなるという自明の前提として書かれているだけです。縄文時代ならいざ知らず、「五公五民」や「四公六民」の時代ですからね、驚いてしまいました。

五島さんは、共同論文の翌年、さらに単独の論文「明治初期における山村の食事と栄養――『斐太後風土記』の分析を通じて――」を民博の『研究報告』の七巻三号(一九八二)にのせておられます。そこでは同一の手法で食物学・栄養学の立場から、さらに細かい分析をしておられるんですが、最初に研究の方法が明確に定式化されている。それを見ても、今、私が理解した通りの方法です。『後風土記』の各村別の生産者と、附録の移入―移出の食品量の記録をあわせると、「当時の飛騨地方の食品供給状態を量的に把握できる」、それを『後風土記』による当時の人口、かける三六五で割れば、一人一日当りの食料供給量が得られる、と明記されています。もっともその前に、この計算の問題点として、『後風土記』の記録の誤差、とか現在の「食品成分表」と当時の食品との成分の差、「飼料用、種子用、減耗量および歩留り」を考慮していないなど九点を列挙して、これらの解明は「今後の課題としてここでは指摘するにとどめる」と書かれています。まことに厳密なことをいっておられるもんだと感心するばかりですが、大量の年貢分については最初からまったく念頭におかれていない、これでは「明治初期における山村の食事と栄養」の研究にはとてもならないと思うんですね。

そこで行きがかり上、私も少々、大ざっぱな計算をしてみました（次頁の表参照）。コンピュータはおろか、電卓さえ使っていない概算ですが、それだけでも小山・五島さんたちとは全く違う姿が見えてきます。小山さんたちはコメを生産額五万二千石、プラス移入額一万五千石、イコール六万七千石で計算していますが、年貢分の三万二千石をひけば、残りは三万五千石で、六万七千石のほぼ半分強にしかなりません。

さらにヒエ・キビ・ソバについては、『後風土記』の総生産高より年貢の方が多く、差し引きでマイナスになってしまいます。とくにキビは年貢が生産高の十二倍、ソバの年貢は生産の一・七五倍強になりますから、『後風土記』の記載が一体どこまで信頼できるのか、はなはだ疑わしく、これらの数字にもとづいて様々の計算をしていっても、空中楼閣にすぎないのではないでし

内容 / 種類	総生産高 (石)	(－)年貢分 (石)	(＋)移入分 (石)	残　高 (石)
コメ	52,000	32,000	15,000	35,000
ヒエ	30,000	33,000	8,000 雑穀の内訳は不明	-3,000
アワ	1,600	1,300		300
キビ	100	1,200		-1,100
ムギ	14,000	12,000		2,000
ソバ	1,700	3,000		-1,300
ダイズ	5,000	4,000		1,000
アズキ	600	300		300

斐太後風土記と民博の『研究報告』6巻3号による概算

ょうか。

ところで佐原さんは、小山・五島論文にもとづいた石毛論文を重要視されて、こういっておられます。「(石毛さんは)米を主食とするのには条件の悪い典型的な山ぐにの飛驒で、百年前、全食品のエネルギーのなかで米が五五%も占めている事実を重視する。アジア諸国の一九七二―七四年における一人一日当りの食事エネルギー供給の米・麦の割合と、石毛さんのしめした表をもとに、米の割合の多い順に並べ、これに百年前の飛驒の状況を加えてみよう。……石毛さんによるアジア諸国と百年前の飛驒との比較は、数字の上で本土民族が米食民族であることをしめしてあまりある」(一一九頁、なお同頁の表参照)。

そしてさらに石毛論文の民俗学者に対する雑穀主食論批判などの文章を引用された上、小山・五島論文と石毛論文の「二論文に意を強うした私は、弥生時代以来、本土においては米が主食であって、……本土民族稲作民族説もすてがたいという気持ちでいる」(一二〇頁)と、先ほど紹介した稲作偏重文化論批判という佐原さんの基本的立場からは、かなり大きくズレたような発言をされています。

しかし私がやってみたように年貢部分を差し引くと、明治初年の飛驒住民のコメの摂取量は、ほぼ半減してしまいます。また数字上は、食料となる雑穀はほとんどなくなってしまいまして、かりに他国から移入する雑穀八千石を全部オオムギと仮定した上で、小山・五島論文の数字を利用して素人のカロリー計算をやってみますと、一人一日当り、コメで五三〇キロカロリー、オオムギで八五キロカロリーという目の子算になります。小山・五島論文では、明治初期の飛騨で一人一日当りの食料では約一八五〇キロカロリー、その九〇%が穀類で、さらに五二%がコメ、雑穀が三八%、ヒエが二一%としていますが、私の目の子算では、総エネルギーが大巾に不足して、とても生命の維持がおぼつかない数字だと思います。かりにコメの比重がきわめて高くなったとしても、それは数字の魔術で、とても実際にはありえないことです。

飛騨の住民が栄養不足で大巾に人口が減少したということのない以上、『斐太後風土記』の記載する数字はきわめて信頼性が乏しく、とくに畑作の雑穀の部分の方が甚だしかったと考えるのがはるかに常識的ですよね。だからコメの比重は小山・五島論文や石毛論文より、ずっと低くなることは間違いないところです。

石毛さんや佐原さんが強く批判されるような民俗学者たちの考え方の方が、やっぱり明治初年の山国の飛騨ではほるかに妥当性が高いのじゃないでしょうか。いやあ、ついしゃべりすぎてしまいましたが、如何でしょうか。

網野 石井さんの今の批判の上に立ってみても、もし飛騨に米が多いということが多少でもあるとすれば、それはむしろ飛騨の非農業的な特質の表れかもしれません。さきほどもふれたように、米は非農業的な生業の行われている地域に流入しますからね。

石井 飛騨の匠《たくみ》以来の伝統ですね。

網野 もちろん飛騨には意外に田地が開かれている地域もあります。しかし飛騨で米が食糧として消費されているというのが事実ならば、飛驒が材木の産地であり、木器の生産が非常に重要な意味を持っていることの表れと見ることができます。そうした山の産物との交易を通して米が入ってきているのではないでしょうか。当然、そうして入ってきた米は食料に使われることになりますから。全体としてさきほどもいいましたように都市的な地域に米が多く流れ込んでおり、江戸時代でも米を食べているのは都会だという現象は、古くから一貫してあったと思います。

中世前期でも、たびたびいいますけれども、さきほどの若狭の常神浦は、田畠がほとんどないのに米が一五〇石もあるのですからね。それに対して、これまで「農村」といわれている平場の太良荘の百姓の手元にわずかしか米がないということを考えないといけないですね。

それよりも検注の対象に実際になっている柿や漆や栗を、どうして研究者は問題にしてこなかったかですね。社会史は駄目で、民衆生活史ならよいという議論もありましたけれども、民衆生活の中で、柿や栗、それから桑や漆、蕎麦などの意味を本気で考えてこなかったのは大問題だと思いますね。

江戸時代の制度的な石高の決め方、税率としての「免」の決め方はいろいろなカラクリがあるようですね。神奈川大学で時国家の調査を一緒にやってきた田上繁さんが、いま細かく研究していますから、いずれその成果が出ると思いますが、「免五つ」がほんとうに収穫の五公五民になるかといったら、全くそうはならないようですね。かなりの程度フィクションのようですね。実際、免が十割を越えている場合すらあるようです、能登の輪島の免は八割九分なんですね。しかし、それでも輪島の百姓は全然困らないんです。都市民ですからね。

【4】班田制への疑問

石井 なるほど。そこで佐原論文にまた帰りますが、次の問題点は、これも佐原さんが小山・五島論文にもとづいて、弥生時代以来、米が主食で、十四、五世紀以来、米＋雑穀（ムギも含む）が主食となった、これは経済社会化にともなって、農民は米を売り、雑穀を食べるようになったからだ、と主張しておられる点です。先程、紹介したように縄文は堅果類が主食、その後、稲作の急速な普及により主食が米に収斂していったという見方なんですね。

これには私など非常に抵抗を感じますね。縄文後期以来の焼畑耕作とむすびついた雑穀の生産は、それ以来ながく重要で大きな役割を果たしてきたはずで、江戸時代になってはじめて米が主要な地位を獲得する。つまり主食の米への収斂はこの時代からはじまったと考える方が、はるかに常識的だと思うんです。

佐原さんは、記紀や正倉院文書、荘園関係文書には、雑穀や焼畑関連の史料が乏しい、それはこれら史料が庶民の農耕の実態からかけはなれていたためなのか。それとも弥生時代以来、農民は農作に集中し、雑穀はあくまでも補助的に栽培するだけであって、十四、五世紀以来、はじめて雑穀も主食として重要な地位を占めるようになったためなのか。以上二つの可能性をあげた上で、自分は後者の考え方で追究したい、とおっしゃっている。

しかし記紀や正倉院文書・荘園関係文書が、庶民の農耕や生活の実態を反映しているとは、とても思えませんよね。歴史家としては、これまで前者と考えてきたので、小山・五島説にはにわかに賛成しかねますね。実はこの小山・五島論文が発表されたのは、民博で一九八〇年から八四年まで五年間行われた「東アジアの食事文化の研究班」の共同研究でして、そこには日本史家の原田信男さんも最後の二年間、共同研究員として参加され、論文集にも「日本中世における肉食について」という論文を寄稿しておられます。

そのなかで原田さんは、網野さんの論著をも引きながら、「中世までの社会において、水田が賦課の基準となっていた事実は、米の総生産量と社会的な生産物の総量とが正比例の関係にあったことを何ら保証するものではない」、「史料の残存しにくい非農民や狩猟・漁撈の問題、さらには焼畑をふくむ畠作の問題……これらをトータルに捉えなければ、食生活史の構造を究明することは不可能に近い」、「水田の生産力は、質・量ともに歴史的な技術上の制約を受けており、ましてや力関係にもとづく米の社会的分配には偏りがあった、と考えるべきだろう」などと主張しておられる。

さらにその次の問題点としては、日本列島の人口の変動と、主食の変化をかみあわせた段階論があります。鬼頭宏さんのいう人口の四つの波と主食が堅果類、米、そして米＋雑穀、というような四段階がちょうど対応するという小山・五島論文の主張ですが、この点についても原田さんは「江戸時代も中・後期以前の日本の総人口については、これを明確に示す史料はなく、正確な数値を提示することは全く不可能である。近年、歴史人口学の発達により、鬼頭宏氏がこの問題に果敢に取り組んで、中世や近世初頭の人口の計算も試みてはいるが、計算の基本パターンとしては、田積もしくは石高から計算したもので、畑作物や四足獣・二足獣・魚類さらには採取植物等の食糧を充分に考慮したものとはいい難い」とコメントしておられる。

以上、原田さんの批判は、われわれにとっては至極常識的な内容なんですが、どういうわけか共同研究のなかではほとんど取り上げられていません。

共同研究のキャップの石毛さんは全体をまとめた論文のなかで、原田論文と小山・五島論文は「さまざまな側面で」「対照的である」とし、原田論文では「時代をさかのぼるほど畑作物の雑穀類の比重が増し、江戸時代をコメの比重の高い社会であったと考えるが」、小山・五島論文ではそうでない、「人口増加と社会的配分を考慮したとき」「江戸時代はコメの社会的配分にいちばん偏りができた時代で、……そのことによって雑穀食の比重がましたものともとらえることが可能である」と、いかにも小山・五島さんに軍配をあげるようなコメントをつけておられます。

しかし果たして古代にそれほど主食が米に収斂していっていたのか。律令の班田制で、成人男子一人に田二反、女子にその三分の二を班給したというのは有名ですが、滝川政次郎さんの『律令時代の農民生活』（乾元社一九五二。原著は一九二五）での古典的研究によって法の規定通りでは、とても生活できないことが明らかになっています。滝川さんが計算の根拠とした十人から成る家族一戸で考えてみると、口分田は一町二反余、収穫は全部でほぼ米七石五斗ですから、一人当り年に七斗五升、一日当り二合程度になります。二合で約三〇〇グラムですから、カロリーでいえばおよそ一千百キロカロリーにしかならない。

しかも網野さんが『日本社会の歴史』でもくり返し強調されているように、奈良時代にはとても令で定められただけの水田を国民にわり当てるほどの耕地は開かれていなかった。だから当時はまさに雑食で、主食が米に収斂した、などという状況ではありえないと思うんですね。

網野 滝川さんの計算も、それだけを基にしていろいろ議論することは危険ですね。

石井 それはそうですね。果たして班田制で、ほんとに、それだけ田地を与えられたのかどうか。

網野 それがそもそも問題で、全く田地は足りなかったと思いますし、田地からとれる米だけを食べてるわけではないですからね。

石井 当然、そうでしょうね。ただ以前には、滝川さんの計算によれば、とても生活ができない。だから、班田農民は、抵抗のために、みんな、逃げ出すんだと、こういう説明をやっていたわけですね。

網野 まさしくその通りです。

石井 それは、私も昔、そういうふうに教わったか……。教えたことはないですけどね。

網野 私は教えた覚えがあります(笑)。

石井 でしょ(笑)。それはそうと、『斐太後風土記』の基になっている各村ごとの生産高というものは、まさに田中圭一さんが最近の『日本の江戸時代』(刀水書房一九九九)でもいっておられるように、公的帳簿上の架空の数字を集計したものなんですよね。しかし、手がかりとしては、たしかにこれしかないけれど。それにしても年貢分を全然、差し引かないというのには驚きましたね。こんなことを平気でやっておられるというのはさすがは縄文学者(笑)。

実は白状しますとね、私はこれまでこの論文を読んだことがなくて、『斐太後風土記』と対照してみたのもはじめてなんです。それまでは佐原説もなかなかいい線いっているのではないかと思っていたんですが、今の問題点に気がついたんで、それで考えを変えました。やはり論文読むときは原典にさかのぼってみないと駄目ですね。コンピュータ民族学といわれると、ついつい信用してしまいますからね。

石井 罪が深いですよね。

網野 そうですね。

網野 ははははは。

【5】江戸時代は封建社会か

石井 それじゃあ実際は果たしてどうであったか、これはまったく今後の研究課題でしょうが、さっきいったように、米はそんなに食べてないということにならざるを得ないのではないか。ですから、山国の飛騨でも、これだけ米を食ってるというわけにはいかないだろうと。

網野　渋沢敬三氏は、東北旅行をしたときの観察を通じて、東北の水田を開発をしたのは企業家だといっていますね。米が儲かるから開発をしているわけで、米を売って儲けるために水田をひらいたのだといっています。食いつめて流れ流れてきたような人たちが開発をしたのではないといっていますが、それはほんとうだと思うんです。

石井　それは町人請負新田とか、そういうものですか。

網野　資本を出しているのは町人でしょうね。本間家もそうでしょう。

石井　田中圭一さんも『日本の江戸時代』で、佐渡の金銀山中心にやってますから、江戸の初期、金銀山の、どんどん発展する時期には、やたらに米が必要になるので、新田開発が非常に進む。ところが、金銀山が中期に停滞すると、今度は、米価が下がって、状況が非常に変わってくるということで、経済的なもの、まさに市場経済によって左右されることを見失ってはいけないと。だから、江戸時代は、封建制ということは考えられないと。

網野　それは、私もそう思います。封建制という言葉をどう使うかですが、少なくともこれまでのような封建社会の定義は通りませんね。

石井　そうですね。

網野　江戸時代の社会は、今までのような、農村中心の見方では絶対にわからない社会だと思います。佐渡の外海府《そとかいふ》の近くに、船登源兵衛という家があるんです。そこの文書を、神奈川大学日本常民文化研究所がいろいろな御縁で調べたのです。私も、最初の調査のときに行ってみたのですが、元禄以前の文書が多くて、相場表をふくめて延宝、寛文あたりから、仕切《しき》りなど商売関係の文書がたくさんありました。

江戸前期に廻船をやっているのですが、敦賀や新潟だけではなくて、北の松前まで行っています。享保の初めぐらいまで廻船をやってますが、相場表があるのです。こういう市場の情報をどのようにして、連絡しているのかよくわかりませんが、市場原理は貫徹しています。しかし私はそのことも、十五世紀以前、おそくとも十四世紀ぐらいからは十分考えられると思います。

石井　南北朝は貨幣の社会ですね。

網野　そのとおりで、手形も流通しています。

石井　重商主義と農本主義ですね。

網野　まさしく、そのとおりの対立がはじまります。

石井　それは田中圭一さんも『日本の江戸時代』の結論部分で、江戸時代の我が国は重商主義が育ち、貨幣はすでに資本として動き始めていたと。それは、ちょうど網野さんの「貨幣と資本」(『岩波講座　日本通史　中世3』一九九四)を引き継いだような形になっているわけ。

網野　それは心強いですね(笑)。

石井　引用しましょうか。「新しい資本の時代への用意は万端ととのっていた。そうした実態があるにもかかわらず、江戸時代の民衆を無権利の土民に仕立て上げた一面の責任は、戦後の歴史学にあると思う。」

網野　戦後もそうですが、まず責任は明治政府にあるといわなければまずいと思います。

石井　それもちゃんと書いてあります。明治政府が自らの正当性を主張するために江戸時代を暗黒時代として強調し、描きあげた、それを引き継いだんだと。

網野　そうだと思いますよ。最初にいいましたけれど、農は七八％、工は四％、商は七％、という公式統計をみると、商工業のまったく未発達な社会になってしまいます。

もちろん、ほかのいろいろな統計があって、それからはこの数字と違うことが出てきますが、古島さんすら、この数字にだまされて農業の比重が大きいという発言をしているのは、ほんとうに恐ろしいといえば恐ろしいことです。

林業と漁業は大丈夫ですね、農業には入らないでしょう（笑）。ちょっと怖いから断っておきますけれども（笑）。養蚕や、たばこ、果樹も、農業からはずしてしまうと――これには御異論があるでしょうが――穀物の農業は、四〇％ぐらいになると思います。三〇％から四〇％ぐらいになってしまいます。逆にいうと、広い意味の工、商を加えてみると、それと同比率ぐらいまでは確実に上がると思いますね。

【6】東と西のちがい

石井　米の持つ意味というところから東と西の問題が大きく出てきますね。西に対して、東の問題というものがもうひとつあると思うんです。

網野　非常に大きな問題ですね、これは。

石井　最近、赤坂憲雄さんが『東北学へ』三部作（作品社一九九六－九八）などで精力的に活動しておられますね。赤坂さんが、柳田さんは『雪国の春』などで津軽海峡以南、沖縄までを水田で一色に塗りつぶしたのは事実に反する、東北はそうじゃないんだとおっしゃるのは非常によくわかるんです。でも、赤坂さんが主たる素材として取り上げておられる中で、ヤマセの吹く下北から北上山地は、もともと米作率のきわめて低い地域ですよね。

網野　そうですね。

石井　その他に例としてあげられているのは山形県の山間部等々になりますが、逆にいえば、地理的な東北地方で、それ以外の地域の水田をどう考えるのか。

網野　これは正確にする必要があります。

石井　水田が西南日本からの支配に伴って持ち込まれたことはたしかですけど、果して赤坂さんがいわれるほど歴史の浅いものであろうか。ちょっと疑問を感じますね。

網野　そうですね。

石井　そのへんは、どうもあの本は少々危ういところがあるような気がしますね。

網野　東北最北部、奥六郡、北上山地あたりに視点を置いて書いておられるから、問題が非常にクリアに、鋭く出されているところがあるのです。そこがあの本のメリットだと思うのですが。
石井　ええ。それはおっしゃる通りだと思います。だから柳田さんへの批判は非常にきれいに出るわけですけれど。
網野　ただね、東北の美田地帯も、前にいったように渋沢敬三が、『東北犬歩当棒録《とうほくけんほとうぼうろく》』（「渋沢敬三著作集」第三巻平凡社一九九二）で、本格的な事業家が開いた水田だといっています。
石井　いつごろの事業家ですか。
網野　江戸後期の町人の開いた水田だといっています。
関東平野の水田も、かなりの程度は江戸後期でしょう。それから濃尾平野の美田地帯といわれているところも、だいたいが江戸後期です。新潟もそうですね。
石井　そういうところと地主の成立というのはリンクするんですか。
網野　そうではないかと思います。
非常におもしろい話で、大石田という最上川舟運の終点で、川に面した町並みがあるのですが、建築史の人が非常に丹念に調べて、短冊形の地割が川に沿ってあることを復元しているのです。道に面して短冊形の地割に、川屋が並んでいるのですが、最上川に面したほうが表で、道に面したほうが裏になるのです。驚くべきことに、この大石田の人口構成が、半分が百姓と水呑で、あとの半分は名子《なご》なのです。
石井　それは帳簿ですか。

網野　どういう史料なのかはわからないのですが、建築史の研究者だから、結局、大石田の町の人たちは、農民に位置づけられてしまったといっておられるのですが、都市民が名子になっていることは大変面白いと思ったのです。これまでの名子の定義では全くとおりませんね。

この町が、明治になると、駄目になるんです。

石井　河川交通ですからね。

網野　ええ。河川交通が駄目になるからですが、その中の金持ちは資本を土地に投下して、地主になっていくのだそうです。そういう経緯を経た地主がたくさんいるといわれています。

時国家もそうですね。時国家も、幕末には、北前船をさかんにやっているのですが、明治になってそれが駄目になると、土地に転換して地主になっていくわけです。こういう転換の仕方は、けっこう多いと思いますよね。だから、もともと米作地帯だったところに地主が生まれたという捉え方は簡単にはできないのではないでしょうか。

石井　近代より前ですね、近世という時代ですね。

網野　近世後期になって、米を売ると、銭になるということで、商人が資本を投下するようになるわけで、こうした企業家として水田の開拓を始めた時期と、それ以前とではだいぶ状況が違うと思うんですよ。

濃尾平野も、大山喬平さんが、かつてやられましたが、全部、荘園の年貢が絹でしょう、美濃と尾張はね。

石井　中世にはね。

網野　ええ。それで、実際、濃尾平野は、昔は桑だらけだったというんですよ。明治の早い時期の、軍の作った地図を見ると、たしかに桑のマークがたくさんあります。ですから、東の荘園の年貢は米が非常に少ないのです。

石井　中世の話ですよね。

網野　ええ。絹、糸、綿それから布が非常に多いのです。北陸には多少、米年貢がありますがね。

石井　そうすると、米は、やはり年貢のためにつくられたにもかかわらず、東国では米を年貢にしているところが少ないのは、米をつくっていなかったからだということになるんですか。

網野　それはそうではないですよ。田地は絹が賦課されているのですから。米と絹の交換が行われて絹が年貢となっているということです。では、なぜ、米が絹と交換されるのか、それが大問題です。

石井　なぜでしょう。

網野　私は端的にいって、それは、養蚕、絹織物が生産の主要部分であり、東国の特産物であったからだと思いますよ。東国では絹が交換手段で、米が西国では貨幣になっていますが、東国ではけっしてそうなってはいないのです。

石井　そうですね、もともと米は東国の原産じゃないですからね。それで東国の米は質がよくない？

網野　質の良し悪しはわかりませんけれども（笑）。

石井　絹のほうがずっと軽いですから、運搬のことを考えると……。

網野　昔はね、新城常三先生が、東国の海上交通は困難なので、米は無理で、絹を陸上で運んだのだ、といわれたのです。たしかに米を運べるのは海上交通の安定したところだというのは、真理なんです。古代にも、年料春米《ねんりょうしょうまい》を貢納しているのは、全部、海運の良い国なのです。だから、九州が意外に米年貢が多いのです。

石井　確かに多いですね。

網野　東大寺には鎮西米が送られていますね。あれは、みな、船で瀬戸内海を運んでくるのです。九州・瀬戸内海は米を運びやすいから、この地域が米年貢を負担しているというのはよくわかります。しかし、逆に海上交通が不安定で未発達だから、米を持ってこられないので、軽物を持ってきたというふうにはならないと思います。逆は真ではないし、この見方は米こそ年貢になるべきだという米中心の考え方にもとづいていると思いますね。東国の海上交通、太平洋の交通も、バカにしたものではなくて早くから非常に活発です。瀬戸内海ほどは安定していないとしても、ずいぶんたくさんの物を運んでいますよ。常滑や渥美の焼き物も運ばれていますからね。

石井　鎌倉時代になると、台風で、一日に伊豆沖で、何十艘も難破してますよね、年貢米を運んできた船がね。

網野　そうです。

石井　鎌倉幕府になると、海上交通で、米を鎌倉にどんどん持ってきているんですね。

網野　そのはずですよ。だから、海上交通が発達していなかったから絹を年貢にしたなどとはいえません。むしろ絹と布が東国では、貨幣として流通したことが重要です。東国では米の社会の中に占める位置づけが、私は西国とは違うと思います。

石井　幕府の場合、数量はわからないけれど、けっこう鎌倉にもってきてますよね。

網野　鎌倉にはもってきていますよ。尾張の富田荘の地頭方の年貢は米ですね。

石井　食糧として必要だからですか。

網野　鎌倉は都市ですからね。

石井　年貢として取ってくるものでしょう。

網野　地頭方の年貢は鎌倉に入ってきます。

石井　主要部分だと思います。

網野　鎌倉の寺院や地頭職を持っている人たちについてはね。

石井　ええ、海岸に米の蔵とかが並んでいたと思いますね。

網野　あったでしょうね。

石井　班田制にも当然かかわってくるわけですけど、なぜ、ずっと支配者は米なんでしょうか。

網野　それは、西国の社会を背景にした支配者だからでしょうね。

石井　一般的にいえば、弥生以降の支配層がそのままずっと国家の中心にあった、その伝統を引いているということですか。

網野　私はそう思いますね。律令国家が水田と米を制度の基本に置いたことが決定的だったと思います。やはり米に対する思い入れの強さは弥生以降の列島西部の倭人の世界ですよ。列島東部は倭人とはいえませんからね。しかし律令制度を実現するためには、絶対に田地が足りないのです。にもかかわらず制度を徹底的に実施しようとしたので、その影響が大きいのだと思います。

【7】近世社会の理解のしかた

石井　網野さんのお考えで、大きな問題になるのは非農業民の位置づけですね、それで十五、六世紀以後、農業がある程度定着していくというふうにおっしゃったんですか。

網野　成熟した農業社会といったことがあります。江戸時代よりも前の十五、六世紀から農業が成熟してくるのは確かだと思います。

だからといって、非農業の比重が下がり、非農業民が少数派になっていくとはいえません。今まで私もそう考えたことがありますが、それは間違いだったと思います。

石井　そうでしたね。十五世紀以降の社会についての網野さんの説の表現をやり直してみますと、成熟した穀物生産と樹木栽培を考える必要がある。これまで穀物生産と樹木生産を合わせて農業と考えてきたのが間違いで、区別する必要があると。

網野　それらを区別する必要があります。

石井　それで成熟した穀物生産と樹木栽培、それから成熟した漁業、塩業、林業、鉱工業など、かなり発達した諸産業を背景に高度な流通経済、信用経済が発達して、商業、金融、海運が高度な発達を遂げた社会であると。こういうふうにいい直されたということと、さっきのお話が対応するわけですね。

網野　はい、そのとおりです。しかし実体はそうであるにもかかわらず、今まで、なぜ、近世を農業社会、圧倒的に農民の多い社会とわれわれが考えたのかということですね。

しかし、江戸時代でも『和漢三才図絵《わかんさんさいずえ》』に農人は、俗に百姓というけれども、百姓は四民の呼称だから、これは「非なり」、誤りだと書いています。一応百姓＝農民ではないといっていますが、それより以前、伊藤東涯《いとうとうがい》なども「農夫」を「ヒヤクセウ」とし、「豪戸」も「オホヒヤクシヤウ」としています。儒者の世界でこうした理解がひろがったのでしょう。

中世には、まだそうはなっていないと思います。十五世紀の法令にも「地百姓」が出てきますが、あれは都市民です。「酒屋」「土倉」も「地百姓」ですね。ただ、『日葡辞書』の百姓の項を引くと、「農夫」という邦訳が出てくるのです。これまでそこから十六世紀には百姓＝農民という理解が広く行われるようになったのかと思っていましたが、ポルトガル語で引いてみると、「百姓」は「Laurador」となっており、これは多分英語の「Laborer」と同じ語源だと思うのですが、「農人」を引くと、〈Laurador, que laura, ou cultioa os campos〉となっています。もし、百姓が「農夫」なら、その訳は農人と同じであるはずなのに、両者を区別しているということは、十六世紀の末ではまだ、百姓は農民という感覚ではなかったともいえると思います。現在のポルトガル語では「Laurador」は「農民」と訳しているようですが、日本の現在の辞書でも、百姓は農民とありますから、ポルトガル語の意味自体が変ったのではないでしょうか。

しかし江戸時代を通じて、一般の社会にそうした意識が浸透してくるということが、どういう意味を持っているかは大変重要な問題ですが、こういう意識を背景にして、江戸時代の農村は兵農分離、商農分離の結果、自給自足になったというとらえ方が出てくるのだと思います。そこからさらに江戸時代は典型的な純粋封建社会だということにまでなっていくわけです。私はこれはもはや「神話」といっても良いと思いますけれど、現実にはいまだに、大変な権威を持ってまかり通っているといっても良いと思います。

そういう立場にたって、流通、商業、海運などは、みな基本的な生産関係からははずれるので、切られてしまうわけです。海村や漁村なども例外的なあり方だという処理のしかたをされてきましたからね。私などのように海村を勉強してきたものにとっては憤懣やるかたないところがあるのですけれども（笑）。しかし、全体的に、そういうとらえかたをされてきたのは否定できません。「農間稼《のうまかせぎ》」という形でさまざまな生業も、農業の副業として扱われるようになっています。だから、第二種兼業農家のような不思議な「農家」が現れるわけです。

しかし甲斐国の「村明細帳」を見ますと、タバコやブドウで何百両も稼いでいるのです。しかしこれも農間稼になっているのですよ。稼ぎのほうが田畑の穀物より実際の生活の上ではるかに重みを持っていても、みな、農業の副業にされてしまうような制度的な捉え方が江戸時代には確実に出来上がっているわけです。

ですから、無高民の制度上の用語はみなマイナス評価の言葉ですね。水呑も門男《もうと》、間脇《まわき》、頭振《あたまふり》、雑家《ぞうけ》、無田など、意味がわからないところもありますが、みなプラス評価の言葉ではありません。

石井　そうすると、非農業民の評価のしかたを、最近になって多少、変えられたということは近世においても成熟した農業社会の中でも、もっと非常に大きいんだというふうに……。

網野　さきほどいいかけたんですけれども、百姓が人口の中の比重が約八〇％いると、その中で農人が七〇から八〇％だとすると五〇～六〇％になりますね。しかも、その農人の生業の中の何割かが、農間稼でその稼の部分を三〇％差し引くと、穀物の農業は五〇を割って四〇％くらいになります。商工業、運輸業、漁業、林業などの社会の中の比重は実際には非常に大きいのですが、商人や金融業者など土地を持たないものに対する社会的な評価が低いのです。「農本主義」的な思想が強く制度もそうなっています。

ですから私もかつては江戸時代を「成熟した農業社会」といっていたのですが、農業は成熟したとしても他の生産もそれぞれに成熟、発展していますから、かなり高度な商工業の発達した経済社会とでもいうべきだと思っています。

第三章

支配者はなぜ「米」に固執するのか

【1】倭人と米

石井　いつか「東日本人は倭人ではない」という話が出ましたね（笑）。

網野　そうそう（笑）。私はそうだと思いますよ。

石井　ところで米はやはり倭人の世界のものですかね。網野さんが重要視しておられるような海上交通や交易の担い手が倭人だったとすると、こういう人々がまた米をもってきたというのが、ただ仲介しただけなのか、自分たちもともとからつくっていたのか、その辺がちょっと気になるのですが……。

網野　私は専門ではないし、よく知りませんが、このごろは縄文時代から稲作があったということがかなりはっきりしてきたようですが、生活全体に影響を与えるような大きな流れとしては、倭人の世界の中に稲作が受け入れられたと考えるのが自然ではないかという感じがしますよ。

石井　倭人というと、やはり『魏志倭人伝』（より正しくいえば『魏志』の「東夷伝倭人条」）に描かれているように、イレズミをした海人の印象がつよくて、中国の華南の海岸部一帯の住民との関係が深いように思いますね。米の伝来のコースについては、柳田國男さんの『海上の道』以来の沖縄、南西諸島まわりのコース、北からの朝鮮半島経由のコース、そしてその中間の華中、江南からの直線渡来のコースというように、だいたい三つに整理しますよね。

網野　最近は、そういう捉え方ですね。

石井　その場合、倭人というのは、そのどれにも関わっているんでしょうね。

網野　それについては自分の定見はないけれども、そのどれにも関わっているのではないでしょうか。

石井　全体を含めた感じで、倭人の世界とおっしゃってるんですか。

網野　まあ、そうですね。名古屋大学の渡辺誠さんが、縄文時代に朝鮮半島の東南部、北九州、沖縄を含む海民の共通した文化があって黒曜石の石鋸というモリや結合釣針など、独自な文化があったといっておられます。その流れに乗って、西から日本列島に入ってくる集団があったと思いますが、これは、今おっしゃった三つのルートにみな関連してくると思いますね。

それと、埴原和郎さんの説だと、どこから来たかはいろいろとしても、主として朝鮮半島経由で北東アジア系の文化をもった集団が最小二、三〇万から、最大一五〇万、紀元前三世紀から七世紀までの千年の間に日本列島に入ってきたといわれるわけですね。

石井　やはり米の伝来でいえば、北からのルートが有力なんでしょうが、中国の華中江南地域からの直接の渡来もあったでしょうね。

網野　ええ、朝鮮半島経由のルートが一番大きな流れでしょうけれども、吉野ヶ里の遺跡を見てると、それだけではなくて江南と関係が深いという印象もありますから、両方考える必要があるでしょうね。沖縄から入るのは少し遅れてからともいわれています。さきほどの縄文の稲もやはり朝鮮半島からと考えられているようです。全体として、西からということになると思います。
そこで、さきほどの倭人の問題ですが、『魏志』の倭人条の記事からは、稲作を主とした農耕民というイメージは全くうかんできませんね。稲のことは一カ所出てくるだけです。むしろさきほどいわれたように海にもぐる海人、それに山島によって生活する人々というイメージが強いですね。そのうえ三世紀、卑弥呼の邪馬台国が大和にあったとしても、それに対抗している狗奴国はそれより東ですからね。どう見てものちの「東国」は倭国ではないし、関東人・東北人は倭人ではないと思うんです。倭人は日本人とは明確に違うと思います。

石井 それは「倭国から日本へ」というテーマにもつながる問題ですね。

【2】百万町歩開墾令への疑問

石井 班田制等々にも当然かかわってくるわけですけれども、なぜ、支配者は米なんでしょうか。

網野 米に固執するのは、西の支配者でしょう。東国については稲作は後発的だと思いますよ。

石井 西の支配者というのはわかるんですけれども、これは、佐原説にしたがえば、菜畑遺跡も弥生の初期ということになるわけですが、一般的にいえば、弥生以降の支配層がそのままずっと中心にあったというか、その伝統を引いているということですか。

網野 やはり米に対する思い入れの強さは弥生以降のことで、一貫しているのでしょうね。それは倭人の世界のことで、東日本人は倭人ではないですから、そうした思い入れはないのではないでしょうか。

ただ、律令の規定どおり班田をしようとすると、田地は絶対的に足りなかったと思いますね。

石井 八世紀のはじめ、最近、木簡や邸宅が発掘されて有名になった長屋王の時代にですね、良田百万町歩の開墾令というのを政府が出して、盛んに督励して開発させるわけですね。

百万町歩とはまことに、誇大な計画ですね。

網野 そうですね。しかし本気になってやろうとはしています。

石井 当時の政府が本気になって、こういう計画を実行しようとした理由について、網野さんは、水田に対する、政府の深い思い入れが背景にあったのではないかといわれていますね。この百万町歩開墾は、非常に影響するところが大きい問題だと思いますが。

網野 実際に日本の水田が百万町歩になったのはいつかということはよくわかりません。おそらく十六世紀ごろではないかという見方もできます。全国の田積のわかる史料として『倭名抄』や『拾芥抄《しゅうがいしょう》』、十五世紀の『海東諸国紀』がありますが、これらはみな八〇万町歩から九〇万町歩で百万町歩まではいかないのです。

にもかかわらず、なぜ長屋王が、百万町歩という数字をあげたのかということになるのですけれども、こういうことを本気で考えられた古代史家はいないのでしょうか。ただ古代史家のみなさんは、「班田農民」とお考えですからね。百万町歩が誇大だということはどなたもおっしゃるけれども、なぜ、こういう発想が出てきたのか。しかも、国司にきちんと命令して、国家組織を動かして実施しようとしますからね、けっして単なるハッタリではないと思いますよ。

私は、制度として、班田収授を全国的に実現しようとしたら、百万町歩くらいの水田がなければ駄目だという認識を本気で長屋王が持っていたのではないかと思うのです。

つまり、決定的に水田が足りないのです。六歳以上の全人民に水田を与えるという制度ですから。当時人口がどのくらいかわかりませんが、それを本気で実行しようとすると水田は足りない。ですから、そのころから陸田つまり畠地をこの制度のなかにとり入れるような動きも出てきますし、有力者の開発を奨励しはじめますね。長屋王のあと藤原不比等の四人の子供の政権のときに、班田をきびしく励行しますが、下級の役人で自殺する人まで出てくるんです。政府と人民との板挟みで死んでしまうのです。笠金村がそれをいたんだ歌を詠んでいますね。あれは、まさにこの班田のときなのです。本気になって、班田を強行しようとしたら、まじめな下級官吏は板挟みになりますよ。

結局制度どおりに実施するのは、絶対に駄目だということがわかったから、今度は、有力者の自発性を促すために、特権を与えて開墾させようとしますが、それだって足りはしないんですよ。

私は、古代史の方々に、本気で、百姓がみな稲作農民になったと考えておられるのか聞いてみるけれども、みなさん、そういう質問自体を、そもそも受け入れてくださらないですね。「班田農民」といういい方がきわめて根深く常識化していますが、これはいい加減にやめたほうがいいと、私は思うのですがね。

石井　前にも出ましたが、昔、滝川政次郎さんが計算をやってますよね。法律どおり班田を与えられて、果たして食えるのか計算をしてみると、絶対に食えないんです、法定の面積では。しかも、その面積すら与えることができない。網野さんのおっしゃるとおり、水田だけでは、とても食っていくことができないことは、もう明らかだと思うんですよね。

網野　ただ政府は、本気で班田制を実施しようとしていることは確かですね。有名な例では、弥永貞三さんが明らかにされたように、志摩国の百姓の水田を伊勢、尾張に与えていますし、岸俊男さんの研究でも、越前の事例で大変遠いところに班田されています。だから、本気で制度を実施しようとしていることは確かだと思います。

石井　それを、古いところまで遡っていくと、弥生時代からすでに問題ですよね、最近、私は『松本市史』通史編の第一巻を読んだんです。ちょうど弥生時代のところで、今の松本市域にどのぐらいの水田があったろうかというようなことを計算して、人口とか郷の数とかを対比して考えていくと、やっぱり水田だけで食うことは不可能だと。

網野　そうでしょうね。

石井　さっきも出ましたけれど、縄文と弥生との間で、果たしてそれほど大きな農業革命的なものがあったのかどうか、素人考えからいえば疑問ですよね。

網野　私もまったく同感ですね。

石井　これもすでに出たことですが、弥生以後はみんな米を食っていたのが、中世後期から米はあまり食わないで雑穀を食うようになったという考古学者の説は、どうも信じがたい話ですよね。

網野　それはまったく信じがたいです。

石井　ただ、当然、西南と東では、米の割合も違ったでしょうね。

網野　そうでしょうね。

石井　それはあり得ると思いますけれども。

網野　しかし、西でも、米だけで生活をするという状況は、ないと思いますよ。

石井　それは、そのほうが、自然だと思いますよ。その時点で、米ばかり食っていたというのは、証拠不十分じゃないでしょうか。

網野　もちろん米は食べていたでしょうけれども、米だけでは生活してはいないと思います。米が大事だというのは、水田を課税の基礎にして、これこそ、公のものだということを、国家がはっきりと表に出したことに決定的な意味があると思います。平川南さんが稲の品種が古くから木簡に見えることに関連して指摘しておられますが、米はその意味で、強力に国家によって管理された穀物だと思います。

石井　百万町歩というのは誇大なスローガンという程度に考えないと……。

網野　しかし、なぜ百万町歩かという問題はあるんです。

石井　そうですね。八百万町といえばよかったんだよね（笑）。

網野　そこのところは、安藤広太郎さんが、この人は古代に百万町歩、水田があるといっているようですね。ところが、『倭名抄』の諸国の田積を全部足しても百万町歩にならないんです。『海東諸国紀』でも同様です。

石井　八〇数万町でしょう。

網野　だから、安藤さんがなんで百万町歩というのか、その根拠をまず知りたいんです。盛永俊太郎ほか編の『稲の日本史』（筑摩書房一九六九）に収録されている「日本稲作の起源と発達」、これに一部、書いてありますけれどもね。

石井　ただね、古代史の世界では、あの百万町歩開墾令の解釈ではいろいろうるさい論争があるんです。ちょうど『続日本紀』の注釈本（岩波書店、新日本古典文学大系）の補注で、この論争点を簡単に解説してあるんですけどね、実は『続日本紀』の書き方からみると、これは全国を対象とした計画か、東北地方の陸奥・出羽両国のみを対象としたものか、両方の解釈ができる。前者の代表が石母田正さん、後者の代表が村尾次郎さんですけど、どうも素人が見た限りでは、東北地方が対象だという村尾説のほうが、形式的にはいくらか有利なような気がします。そうなると百万町計画はいよいよ誇大だ、ということになりますが、一方では政府がそれだけ東北地方については何も知らなかったんだという証拠にもなります。

それから「良田」とは果たして水田か、あるいは陸田か、それとも両方を含むのかという点でも解釈は対立しています。「良田」とはいうものの、開墾した場合の恩賞は「雑穀」何千石以上ならこれこれの位を授けるというので、どうもこれは水田ではなく、陸田（畠）が主らしい、少なくとも水田・陸田をともに含んでいたことは確かのようにみえますね。

まだ決定的な結論が出ているわけではなくて、岩波の注釈本でも範囲については全国説、対象については、水田開発が目標だが、陸田の場合も含むとしています。でも素人の考えではどうも東北地方に限定し、陸田を対象としたほうが、よさそうに思えてきました。

網野 なるほど。よくわかりました。しかし「なぜ百万町歩か」という問題は残りますね。

【3】日本人は米食悲願民族か

石井 小学館の『稲のアジア史』（全三巻一九八七）に網野さんは関係されなかったんですか。

網野 直接は関係しませんでした。しかし、稲の問題だけを追求なさったあのシリーズは、大変おもしろいと思いますね。

石井 そうですね。とくにあのシリーズの編集をやられた渡部忠世さんは、なかなかうまいことをおっしゃいますね。日本人は米食民族ではなくて、米食悲願民族なんだというい方をしてますね。

網野 うまいことをいいますね。私もそのとおりだと思います。

石井 非常にバランスのとれた見方ですね。米作といっても、米作というのは五〇％以上のところが米作地帯ということですからね。

網野　ええ。

石井　結局、米中心で、米一〇〇%なんていうところはあり得ないと。日本の米食にはなんとなく、一〇〇%はないまでも、非常に高いというふうに思っているから、網野さんの説に対して皆さん、神経質に反応するわけだけれども、でも、五〇%の残りの部分の話だと考えれば、渡部さんの書いておられるようなことと、べつに矛盾は……。

網野　全然、矛盾しませんね。

石井　そうですね。

網野　しかし私は五〇%の地域も、日本列島全体では非常に少ないと思いますよ。耕地になりうる面積はきわめてパーセンテージは低いですし、特定の地域で耕地がたとえ五〇%になっても、食物は山野河海からもとれるし、とくに樹木が重要ですから、それを計算しないとまずいですね。

たしかに、「悲願民族」というのは実によくいい当てていると思いますが。

支配者が、その「悲願」を制度化した点があると思うのです。例えば、常陸国信太荘は水田六〇〇町歩と、大田文に出てきますけれども、谷戸田の多いあの地域に本当にそれだけ田地があったかどうかは大いに問題だと思います。どういう数字なのかと思いますが。

石井　なるほど、たしかに多いですね、あのへんは。

網野　非常に広大な、何百町という水田の広がる平野とはおよそ違うのですね。しかも端数がまったくないのもおかしいことです。これは本当に実態を示しているのかと思います。奥能登の町野荘や若山荘も同じですが、常陸の年貢は米ではなく絹か布ですから、その量から水田の田積を割り出した可能性は大きいですね。能登の場合も大田文では何百町という水田があったことになっていますが、広大な平野どころか、奥能登は山と川の豊かなところですから、どうもおかしいと思うのです。全然水田地帯とはいえない地域を含んでいるのです。

ですからあの田数は、貢納物から割り出しているのではないかという疑いを持っているのです、とくに東国については。

石井　江戸の石高制も、ある程度、貢納高から逆算したということになってますからね。

網野　ええ。

石井　それと同じような操作ですね。

網野　制度は、そういう虚構をつくり出しますからね。だから、実体と制度をきちんと区別して考えないと、非常にまずいことになるのではないかと思います。

石井　貢納物は米でとらず、絹とか、そういう特産物だと。

年貢高から逆算して、水田いくつ分というような、そういう操作をしてるんじゃないか、結局、帳簿上、そういうことも考えられる、ということですね。

網野　そういうことです。

ただ、これを論証するのは非常にむずかしいですけれども、歩いてみた印象ではそれほど田地はないだろうという印象をうけますね。

石井 私は今まで、大田文の数字はわりあい信用していましたけれどもねえ。

網野 大田文でも何町何反何歩と細かい数字が書いてある場合は違うと思いますけれども、どかんと「何百町」とあるのはどうも信用しにくいです。

石井 公田のほうは、わりあい単位が細かいし、細かく出してますし、それから、常陸国の真壁長岡文書を見ると、あそこは公田十五町で、領主が子どもたちに、実際に分けている分だけで二〇町近くありますからね。そういう程度の把握率なんでしょうね。

網野 制度として水田を基礎に年貢を賦課したことが決定的で、米と絹・布や非水田物品とを交易する形になるのですね。それから年貢の負担者は男、成年男子だという形を律令で定めたのは、やはりのちのちの制度に決定的な影響を及ぼしていると思いますよ。

絹や布は、つくってるのは女性なんです。ところが、調庸として納められた絹、布に書いてある名前は、みな、男の名前ですからね。

石井 戸主ですね。

網野 ええ。戸主と戸口ですが、調庸の負担者は成年男子ですから、当然ながら女の名前は絶対に出てきません。志摩の耽羅鰒《たんらのあわび》も海女がとっていたと思いますが、木簡では男が納めたことになっています。そのため、今まで、女性の養蚕や海女は、ほとんど無視されてしまったといわざるを得ないんですね。

私が、声を大にしていいたいのは、米は大変に大事だけれども、日本人は米だけで生きてきたわけではないということです。

【4】米へのあこがれはどこから？――律令国家と水田

石井　その点はまた後のところでいっていただいて、もうひとつは、日本の律令制、律令国家というものができたということの意味……。

網野　それはきわめて大きな意味があると思いますね。

石井　それを強調すべきではないかと、考えているわけです。

律令制はいつまで続いたかというと、建前上は明治までで、そのまま近代国家まで役所の名前の一部は続いてきているという形になっているわけですが、日本の律令制というものがいつなくなるのかということが……、律令制がなくなるのが中世だというふうにしていくと、なかなかそれがなくならず、名目だけは続いてきているという問題があるわけです。

法制史のほうでは、日本の律令は中国からの継受法だと、外国の法律を受け入れた継受法だととらえるわけですが、継受法だということになれば、もっとも本格的に中国法を継受したのは近世なんです。近世の各藩の法とか、そういうものの中に中国の明の法律等が非常に入ってきていると。江戸時代は、第二の中国の継受法時代だと。それから、結局、儒教が江戸幕府の官学として採用されるという点では、律令国家というのは中国化というような点で捉えると、それが非常に浸透したのは江戸ですね。

網野　そうだと思います。律令はその意味では大変早熟な制度ですね。

石井　それで、さっきの網野さんのお話の米の企業家による米の生産が、非常に各地に拡大していくというようなことを重ね合わせると、一度、律令制という形で国家を作ったということが、それからあとの日本の歴史全体を規定してしまったところがあるのではないかと。つまり歴史の先取りという面がありますよね。

それが米についていえば、先取りされたものが制度というものを通じて、どんどん実体化……。

網野　浸透してくるんでしょうね。

石井　悲願の実現という方向でいくわけですね。ある意味で非常に日本人というのはまじめですね。

網野　そのとおりでしょうな（笑）。

石井　大宝律令を施行してから十年位後になりますが、天皇が律令のうち、まだわずかに一、二しか実行されていない、これはお前たちが怠慢だからだ、という詔を出して役人たちを叱っている。

網野　そうですね。

石井　そういうところは非常に、まじめなのかなあ。

網野　とにかくキラキラした中国大陸の文明に対して、強烈なあこがれを持っていると思いますよ。とくに非常に中国大陸の大帝国を意識していますね。しかし、実体としては、例えば、列島東部と西部では大変違うのですから、ひとつの国家ができるような状態ではなかったと思います。

石井 私も、そう思っていたんですけれどもね。昔はそういうことを盛んにいったんですが、その後、先取りというか、それからあとの歴史のレールというのがそこで決まってしまったというような印象も強く持つようになりましたね。

網野 「日本」という国の名前が七世紀末にきまって以来、一三〇〇年間も変わらないとか、同じときにその称号が決まった天皇がそのまま一三〇〇年続いていることなど、みな、関係すると思うんです。

石井 そうですね。

網野 ただ、鎌倉幕府の成立や、それぞれの地域の独自な動向を考えると、「日本国」の制度に対して、それと異質な、本来地域の社会に生きてきたものが表面化してくるわけですね。

石井 そこで問題になるのが、律令制といえば、すぐに班田制とくるわけですが、この「水田」という漢字は、実は耕地一般の意味で、中国では水田よりむしろ畠地の意味がつよかった。ところで日本では「田」といえば当然、水田の意味で、畠地に対しては「陸田」という言葉をつかったんですね。それに対して朝鮮半島では「田」は畠地のことだけで、水田に対してはまったく別の意味の「沓」という漢字をつかったんだそうです。これは「諸橋大漢和」を四巻本に縮約した『広漢和辞典』にもちゃんと出ています。この日本と朝鮮半島との違いというのは、実に鮮やかで印象的ですね。
ところで一体なぜこういう違いが現れたんでしょうか。思い出してみると、中国の華北で「田」といえば畠のことなんだよ、ということは学生時代から知ってはいたんですが、どうもそれ以上のことは考えなかった。吉田孝さんも、そういう違いがあるということを指摘しているけれど、それ以上突っ込んでおられない。近年になって、木村茂光さんが『ハタケと日本人』(中公新書一九九六)の最初でこのことを取り上げていますね。朝鮮半島では中国華北の影響がつよかったので、田＝畠と理解したけれど、日本では華中・華南の影響で、田＝水田になったのかもしれない、と書いてあるのは、それはそうだろうと思いますがね、それだけでいいんでしょうか。気になる問題ですね。

網野 私も、大変、これは気になりますね。
畠も畑という字も、国字ですからね。しかも中世では「畑」は焼畑であるのに、近世では畑の字が一般化しますが、それがなぜなのかも考える必要があります。

石井 韓国では水田のためにまったく別の漢字をつかうのに、日本では、逆に、畑のほうを国字につくるというのがおもしろいじゃないですか。なぜなんでしょうね。

網野 非常におもしろいですね。さきほど話に出た倭人の流れとの関わりがあるのではないでしょうか。漢字も水田と一緒に入ってきたと考えることができるかもしれませんね。

石井 まさにそうでしょうね。

網野　米の原産は長江のはるか彼方という考え方も最近、出てきていますね。そう考えると非常にわかりやすいですね。

それと、水田を課税の基礎にしている国家は水田地帯にもないということをうかがいました。東南アジアではもちろん違いますし、タイも、国家の財政は商業税に依存しているのだそうです。カンボジアや、ベトナムも違うのだそうです。石井米雄さんにうかがったのですが、インドネシアは港市国家などといわれているように、すべて違うようでした。

それは、水田に強い思い入れを持つ「倭国」が、制度的に畠を基礎とした中国大陸の制度を受容したことから、日本の水田を基礎とする租税制度ができたわけで、これは非常に特異なあり方だと思います。

石井　そうですね。

網野　非常にハードな中国大陸の大帝国の租税体系が水田の上に乗っかったというところに、きわめて独自な日本のあり方があるといえそうですね。

石井　独創的なことなんでしょうね。

網野　結果的には、そうなっていますね。

しかし、そこに水田に対する願望、「米食願望」の、出発点があるのではないかと思うのです。そう考えると、よくわかるような気がします。

石井　でも、政治体制としての律令体制をつくったのは華北で、田＝畠の地域なんですよ。そこがどうもふにおちない。

網野　ええ。律令は華北です。だから、畠ですよ。

石井　そうなんですよね。だから、中国の均田制は畠対象なのに、日本では水田対象になる、そこが気になるんです。日本の律令と中国の律令の違いというのは……、律令の中で班田なんかを規定した田令の置かれている場所が違うんでしょ。

網野　そうですね。でも、どういうふうに違っていましたか。

石井　隋・唐では令のずっと後の方に配列されているのに、日本令ではかなり始めの方に置かれているのじゃなかったですか。この意味も大きいのじゃないでしょうか。

木村さん以外に、田と陸田の問題は梅原猛さんが、ちらりと書いてますね、『朝日ジャーナル』に連載した「海人と天皇」のなかで。

網野　だいぶ昔のことですね。

石井　ええ。そこでふれていますが、理由については、どうもみなさん、つっこんで書いてはおられないです。でも、そのへんは非常に重要な問題だと思うんですが。

網野　しかし日本国の基礎を水田に置いたことが、非倭人世界に、つまり列島東部に、東北にまで水田を制度として広め、実態としても水田の開発を進めるという体制ができたのだと思います。もしも東北に百万町歩開墾ということが事実ならば、これは一年で転換して、三世一身法になりますけれど、水田幻想の、強烈さがあるとはいえますね。ただ私は、長屋王がそれほど非現実的であったのかどうか、疑わしいと思います。

石井　ただ百万町が水田か、陸田かという解釈が、まだ確定しないという問題がやっぱりあるんですね。それに中国古代ではそうとう陸田の比重が多かったのではないかという説が最近は出てきているようですね。

岡山県新見市の新見荘の研究家の竹本豊重さんは、もう十年ぐらい前から古代は陸田が重要だと盛んにおっしゃってます。

網野　それは、水田はそんなに多くはないのだということを強調したいのだと思いますよ。だから、私はたびたびいいますが、「班田農民」という用語はまずいと思います。百姓をすべて、班田農民にしてしまうのはね。

石井　班田の「田」が水田とイコールではないという問題も、ひとつあるわけですけれどもね。それにしても中国の周辺国家の中で、律令をつくったという国は、そんなに多くない。だから、律令をつくるとは、大きなことで、それをやったとき、田イコール水田という読み替えをやったんだとすれば、藤原不比等かどうか知らないけれども、それは大変なものだと思うんです。

網野　それはそのとおりだと思います。

石井　どうして、そういうことが、やれたんだろうか、大変気になりますね。

網野　それが重大な問題ですよ。

実際、あとの問題にも関わるけれども、倭国から日本へという変換、大王から天皇への変化は、まさしく、独自な帝国であろうとする支配者の意思、国家意思のあらわれですから。

石井　そうですよね。

網野　そういう意味では、大変なことだと思いますよ、やはり。だからこそ、その影響力が、現在まで続いているといえると思いますね。

石井　そうですね、あまり律令というのは高く評価したくなかったんですけれども……（笑）。

網野　ははは。高く評価したくないというのは、私も全く同感ですけどね（笑）。つまり、これほど日本人を虚像、幻想に縛りつけているから高く評価したくないどころか、私は根底から否定したいわけですよ。しかし縛るだけの強烈な力を持っていたことは認めざるをえない。

【5】流通手段から食料へ

石井　ここで古代から現代に飛ぶわけですが、網野さんにおうかがいしたいんです。渡部さんの米食悲願民族論を網野さんは、よくわかります、とおっしゃいますが、その問題と現在の大問題である米の自由化問題等の日本農業の現段階の問題点について、網野さんは渡部さんと意見を同じくされるのかどうかということです。

網野　市場原理で米の問題を処理するという点から、自由化問題に対する批判が出てきているわけですね。

石井　そうですね。

網野　その点が渡部さんが一番批判をされているところなんですね。

たしかに単純な市場原理では米の問題は処理できないと思います。それは、さきほど私がふれたことで、米は単純な食料ではなく、神にささげられるものであり、それが故に流通手段にもなるし、資本にもなるのだと思います。石高制になったということは、なにも自然経済、自給自足に戻ったなどということではなくて、米の流通手段としての役割、貨幣としての機能を公的に決めたということになるわけだと思います。

世界でもっとも早く先物取引が行われたのは大阪の堂島の米市場であったといわれていますがこれは、そういう米の流通手段としての機能からくるわけで、米は単純に食料として市場原理に関わるような穀物ではないのです。

ただ、米に対する願望、米食悲願がどこから出てきたかということですね。これは、歴史的なもので、けっして古代からあったわけではないと思います。たしかに死ぬ前に、米の入った竹筒を振って、その音を聞かせてもらって、これが米だといって死んだ老婆の説がありますが、こういう人は、事実としてはいたと思いますけれども、それは意外に新しいことなのではないでしょうか。

こういうこともあるから、『日本社会の歴史』で近代は書けなかったのですが、先物取引を禁止したのは明治政府ですね。米を食料として扱おうとしたのは明治政府以降なのではないでしょうか。軍隊を支えるために、工業都市を支えるために米を食料として扱い始めたのだと思います。はじめて、そこで、米は流通手段ではなくて、食料になったのです。この変化は、非常に大きいと考えなくてはならないと思います。

石井　その辺の問題を、書けなかったとおっしゃるのはなぜなんですか。

網野　それは、私の推測にとどまりますからね、本格的に証明するためには大変な手続きがいりますから。

しかし、石高制をやめたということは、そういうことだと思うんですよ。米の自給を問題にし始めるわけですからね。江戸時代にはそうしたことは、問題になっていないのではないでしょうか。明治になって先物取引を禁止したのは米が流通手段であっては困るからだと思います。にもかかわらず明治以後も日本は米を輸出していたと思いますが、それはやはり米の特質とも関係するのだと思います。

そこで、農業を発展させ、富国強兵のための体制の基礎とする方向が、明治から動きだしたのではないかというのが私の予測です。

石井　そうですね。でも議論をしてくると、どうも問題は、みんな、明治に絞られてきますね。

網野　ええ、古代と明治に絞られます、今のわれわれの幻想、「虚像」のかなりの部分は。

石井　幻想というか、現在の、いろいろな問題点の根元みたいなものですよね。

網野　そのとおりです。石井さんが「律令」を評価したくないといわれたのは、そこをお考えだからだと思います。

石井　そうですね。ここでまた、古代にかえりましてね、今の問題と関わってくるのは、なぜ、米なのかというとき、倭人世界の米へのあこがれが、どこからきたんだろうかと。米は単位あたりのカロリーが非常に高いとか、食物としてすぐれていることは客観的な事実なんですが、それ以外にも、どうして米でなくちゃならないのかという答えが見つかれば、これは非常におもしろいんですが。

今までに、いろいろなことがいわれていますね。うまいとか、栄養価があるとか以外に、大林太良さんは、民博の共同研究の討論では、戦争の際の食料として非常に便利であると。

それから神にささげるハレの食物でもありますが、ではなぜ、米がハレなのかと……。

網野　まさしく富国強兵に適当ということになりますね。戦争の食物は、日常食ではないわけですから。干飯も兵糧ですね。

石井　そういえばまあ、それはそうですね。

網野　日常の食物とは異質な要素を米は本来的に持っていると思います。だから、悲願にもなり、願望になるわけです。

石井　だけど、そうなると、そんなに米に対する特別な意識を持っている民族が、今でも、どこかにいるのかどうか、知りたいですね。

網野　私も知りたいですね。日本の場合、タイなどと違って、社会の実態とかなりかけはなれて米中心の制度をつくったわけで、その作用があったと思います。

石井　だから、それが非常に増幅されたとおっしゃるんでしょうけれども……。

網野　増幅されて、非常に特異に発展したのでしょうね。多分、これほど米食願望を持っている民族は、世界にないでしょう。

自然の条件に即応して水田耕作をやって、それを食料にしている東南アジアの民族、例えばタイやインドネシアにそうした米食悲願は生まれないと思いますよ。水田を租税の基礎にしていないということは重大ですね。タイなどの場合は水田が日常の生活に入っていることになりますからね。

日本の場合、米が神と祭りに深く関係したハレのもの、公的、国家的な穀物になっているからこそ、悲願も、願望も出てくるのではないかと思います。そのように理解した方がいいのではないかと、このごろ、私は考えているのです。

【6】西による東の征服

石井　そうなると、大まかにいってしまえば、縄文とか、弥生以来、日本列島の各地域ごとの差異がいろいろとあるけれど、大きくいえば、東と西との対立、簡単にいえば、西による東の征服というところに律令国家の出発があるというわけですか。

網野　まさしく西による東の征服です。関東は併合といってもよいでしょうが、東北については軍事的侵略といわなくてはならないと思います。ですから、米、米とあまりいいますとね、西の、ヤマトの支配者の「日本国」の志向と同じことになりはしないかということを、私は恐れますね。

石井　なるほど。

それが網野さんが、米は大事だが……と若干留保されている、という裏側、あるいは表側の話ですね。

網野　表側ですね。

石井　表側の話の裏側が、米は大事であると。

網野　ええ（笑）。

石井　そういうところに西の先生方が米は大事なんだよと、盛んにおっしゃる理由もあるんでしょうね。

網野　それは間違いなくあると思います。

米中心の制度の浸透度にともなって、いろいろな歪みが生まれます。例えば、前からいっているように、江戸時代の水呑《みずのみ》の中には金持ちがいっぱいいるのです。さきほどあげた輪島は都市ですから、その水呑、頭振《あたまふり》は商人や手工業者、船持で大金持ちなのです。ところが、江戸時代の無高《むたか》の百姓の呼称は、マイナス評価の言葉ですね。水呑の語源はわかっていないので、いつごろから出てきた言葉かわからないけれど、プラス評価の言葉ではないですね。頭振もよくわからないけれど、プラス評価の言葉ではなさそうです。ただ、間人《もうと》は中世からある言葉ですが、「きのうけふ」すみついたような人たちといわれているように、やはりプラス評価の言葉ではないですね。隠岐国の水呑は間脇というのですが、これは本に対する脇ですから、やはり一段低い人を指す言葉ですね。越前の雑家も同じです。「雑」ですから。伊豆では無田といっています。このように、公式に使われている、無高の人に対する制度上の身分用語はみな、けっして積極評価にはなっていないのです。たとえ大金持ちでもそうなのです。

そこに、米中心の石高制度の浸透の作用が確実にあるわけです。

石井　制度的な言葉なんだから、それは当然でしょ。

網野　その制度的な言葉が、律令的な、農本主義的な制度の言葉の延長として入ってくることになります。

石井　それは結局、同じ延長線上に出てくる制度化だから、ということですよね。

網野　そうですね。

しかし、われわれが研究の上でその制度上の言葉を、これまでは制度の表現しているとおり、つまり国家、支配者のきめた制度のとおりに考えてきたために、盲点がたくさん生じているといいたいのです。民衆史、民衆史、と主張してきたものが、国家の意思どおりに実態を捉えようとしていたのですから。もちろんこれは私自身の自己批判でもあります。

第四章

天皇と「米」

【1】農本主義と天皇制

石井 それから天皇と米が、いつから結びついたかという問題、これは律令で、はっきり結びつくんでしょうが、結局、天皇はどこから来たかというところに絡みますよね。

網野 制度としては律令ですが、埴原和郎さんのいわれる列島西部に渡ってきた人々と関連することは確実でしょう。それが倭人とどう関係するのかが問題ですが。

さきほど話に出た倭人あるいは列島西部人の水田に対する思い入れ、実際の生活の中で水田の持っているハレの穀物、神と結びついたその性格を考えると、米が列島西部を基盤とした王権に結びつくのは、きわめて自然ですね。

それから、一方で養蚕があり、絹が貨幣になるわけですが、これを今の皇后がやっていますね。

石井 でも、皇后が蚕をやるようになったのは非常に新しいんだって、何かでみたけどなあ。

網野 いや、私も、そう思っていたけれど、『日本書紀』には出てくるんですね。

石井 『日本書紀』に出ることは確かだけど、今のように宮中で、田んぼを植えたり、蚕をやったりするようになったのは……。

網野 田植えは新しいようですね。

石井 田植えも新しいし、蚕は、もっと新しくて、ひょっとして昭和じゃないかな。

網野　たぶん、田植えをやるようになったのとセットではないかな。田植えは明治からと聞きましたよ。

石井　田植えでも明治の最初からじゃないんじゃないかな。

網野　それは十分考えられますが、いつから始まったか正確に調べておく必要がありますね。

石井　いよいよもって、明治という時代は様々な点で、現代まで、すごく規定していますね。

網野　大変な影響を与えてますね。だから、実体はわからないですよ。その前も、やっていたかもしれませんよ、たとえば、天武の時代などにね。やっていなかったという証拠はありませんからね。しかし、あまりやっていたような感じはないですね。

石井　とにかく、常時、そういうことをやっていたという文献はないでしょう。

網野　はい。

石井　江戸時代には、もちろんないでしょう、だから、明治以後の復古で始めたのでしょうね。

網野　その可能性は非常に大きいですね。やはり農本主義ですね。「農は国の本」、「農は天下の本」というのは、これは古代からたびたび強調されています。それが、江戸時代以降、また再び強烈に強調されますね。

石井　そうでしょうね。

網野　「士農工商」も、江戸時代の社会の実体とは大きくかけ離れており、全くの虚像なのだけれども、これが、江戸時代のイメージとして通用している背景には、農本主義があることは間違いないと思います。明治の壬申戸籍がまさしく「士農工商」でつくられているのですから、明治はそれを継承したのだし、むしろ明治以降、江戸時代の「四民」を否定し、「平等」を強調するために江戸時代の「実態」として「士農工商」を意識的に強調したのではないかと思います。本当の江戸時代の実態は「士農工商」などではまったくなかったのに、あえてそうしたのです。

石井 律令制で、一種の先取りされた国家像というものをつくってしまうわけですね。で、それにだんだん近づけて体制というものがつくられてくると。

網野 江戸時代は、農本主義で、百姓を農民と見る見方がひろがっているけれども、制度的には百姓は言葉の意味どおり使っていますから、その点で明治とはちがいますし、「士農工商」ではないのですが、農本主義の地盤が江戸時代につくり出されたのは確かだと思います。明治政府は、江戸時代を否定したかのごとき姿勢をとって、欧米の方を向きながら、じつは江戸時代以上の農本主義ですね。ヨーロッパのほうを見ているときには、洋風の軍服姿の天皇、一方、水田、米に関する儀式の方では古代律令風の、中国風の天皇で、衣冠束帯姿ですね。これが「瑞穂の国」の神話の世界につながるわけです。

これは古代、中世もそうだと思います。一方の顔は、儒教風の革命思想にも近づきそうな天皇の顔ですね。しかし、日本の天皇は、少なくとも古代については、桓武天皇のように、接近はしているけれども、革命思想を最終的に拒否しています。早川庄八さんのいうように、自分の都合のいいとき、敵対する勢力を倒す必要のあるときにだけ、革命思想をつかっているわけです。それに対して、何が王権をささえているかといえば、皇孫《すめみま》思想、天皇は神の子孫であるという捉え方ですね。

だから、この見方が、天皇の神聖王的な側面にあたります。しかし、十四世紀前半の花園天皇ははっきりと革命思想に立って発言しています。「万世一系などという、バカなことをいう者がいるけれども」とはっきりいっており、そんなことはありえないので、天皇に徳がなければ、「土崩瓦解」することは間違いないと、花園が強調しているのです。これは間違いなく革命思想ですね。そういう意味で革命思想を含めた儒教的なものの考え方は天皇にはかなり入ってきているのは確かですね。

石井　農本主義はどこから……。

網野　これも儒教ではないでしょうか。中国大陸でも、斯波義信さんにうかがったところ、商業は仏教寺院だそうですね。日本の商人は、僧侶が多いと私がいったら、斯波さんは中国でも同じだといっておられました。ほんとうに中世の商人には僧侶、僧形の人が多いですね。金融業者にも山伏がいます。やはり、たぶん儒教からは、商業は出てきにくいのでしょうね。農本主義はやはり儒教ではないでしょうか。

江戸時代の農本主義は、まさしく儒学者の主張であり、それが一般にもイデオロギーとして浸透したのだと思います。しかしそれは朝鮮ほどではないのではないでしょうか。朝鮮の農本主義は日本よりはるかに強烈です。日本では海民は、それほど賤視されていません。海民は古代から近世まで、百姓身分ですからね。しかし朝鮮の場合は、海民は賤視されていたようです。かなり賤視がきつかったときいています。

石井　現在でもそうですか。

網野　もちろんいまは変ったんじゃないですか。しかし、最近、聞いたことだけれども、漁民や、海の商人、海運の研究とかが始まったのは近年のことで、昔は、このような分野を研究しても学界には通らないので非常に研究者が少なかったのだそうです。日本も非常によく似ていますけれども、日本より、もうすこしきついように聞いています。そうした考え方の延長として商人に対する蔑視があると思うのです。日本でも、江戸時代はそうですね。

石井　いや、そのとおり。以前中世の商人についてのシンポジウムをやったとき、会場から質問用紙をずいぶんもらったんですが、中に、「商人は何も生産しないんだから、低く見られるのは当然だと思うがいかに」というのもありましたね。やっぱり今でもそういう考え方の人がいるんだなあ。

網野　それが、今までの学界でも、基本的な態度ですね。農業・工業などの生産力の発展こそ社会の進歩の原動力と見るのが基本でしたからね。

石井　そこは城下町でしたからね、その町の人かどうか、わからないですけれどもね。

網野　ははは、たしかにそうした見方は、城下町では強いでしょう。

私はそれが、学問だけではなく、これまでの人間観の現れだと思うのです。まず人間は自分のための食べるものを生産して、満腹して、余った物、余剰生産物を市場に持っていって商品として売るというのが、自給自足から商品経済へという考え方のこれまでの経済史の基本的な見方、根底にある捉え方でしょう。こうした人間に対する見方は、考えてみればずいぶんエゴイスティックで卑俗な人間観だと思いますね。

石井 そうですね。

網野 実際はどうかというと、縄文時代から交易が行われているわけです、これは佐原さんもお認めになるだろうけれども、縄文時代から広域的な流通があり、商品生産も最初からあるのだそうですね。商業も都市も人類の歴史とともに古いのだと思いますよ。

石井 それは間違いないですね。以前、青森市で十三湊のシンポジウムをやったとき（歴博編『中世都市十三湊と安藤氏』新人物往来社一九九四）、宇野隆夫さんの報告では、古い時代ほど交易は盛んで、むしろ律令国家ができたために制約を受けた……。

網野 その考え方は大変重要です。私はまことに的確な考え方だと思います。

石井 そうですね。ただ、非常に広く交易されているというのは特別の物資で、全部が非常に広く交易されているということではないだろうと思いますけれど。

網野 もちろんそういう面もありますが、生活に不可欠な塩は最初から交易されていると思いますよ。

石井 塩はそうでしょうね。

網野　塩は土器で大量につくれば、売らなければなりません、もともと交易を前提にした製塩ですね。これは縄文時代に確実に遡ります。

魚も貝も、網を使って大量に獲るようになったら交易しなければならないですからね。渡辺誠さんによると縄文時代から、交易を前提にした漁業があるのだそうです。塩で加工できればこれは当然で、実際、内陸部から海の魚の骨が出ることが最近の発掘で証明されたようですね。

石井　貝塚の貝ガラというのは、交易のためのもので、自分たちが食うためだけの貝じゃないという説明はよく聞きますね。

網野　流通、商業、金融のような生業や情報伝達は、生産をしないので、社会を発展させる力はないし、むしろ社会を腐食して解体する役割しか果たさないと考えられてきたため、今まで、研究が非常に遅れていたと思います。前期的商業資本に対して近代的な産業資本の成立こそ、本当の近代化だという捉え方が基本でしたからね。その考え方の大本にあるのは、物を作ったら世の中が前進、発展する。その発展こそ進歩である（笑）。そういうことじゃないですか。

【2】天皇の二つの顔

石井　でも、明治の天皇家は大変だよね。天皇、皇后が洋装をしなければならないし、それから、田んぼもやらなきゃならないしね。

網野　ははははは。

石井　蚕もやらなきゃならないというのでは、ほんとに大変ですよね。

網野　そのとおりですね、それは（笑）。

石井　だから、たいしたもんだとも思いますがね。

網野　しかし、大嘗祭や、新嘗祭などのような形で、水田、米が祭祀と結びつき、天皇と関わりを持つ制度が定着するのは律令でしょう。もちろん、源流は当然それ以前にあるでしょうね。

石井　ただね、倭人というと、海の民という印象がありますが、その倭人がどうして米を、なんでしょうね。

網野　海民としての倭人の特質は贄の世界に現れていると思います。これは、あちこちでいっていることで、当っているかどうかはわかりませんが、天皇には、水田の王といえるような性格が明らかに一面にあります。これは、律令と結びつき、儒教風の国家の首長という性格で、これは中国大陸の皇帝と比較ができると思います。

しかし、中国大陸の皇帝とちがうのは、天皇は神の子であり、神として贄を奉られる存在であるという点です。神聖王といってよい性格で、これは南米のインカ帝国のインカやアフリカの王などに類似しているのではないでしょうか。そうした神聖王としての天皇に直属している、贄を奉る海民の集団が、一般の海民の中から全国的に設定されており、海での活動についての特権を与えられるとともに、海産物を天皇に奉っているのです。この贄の制度は律令に規定されていない制度で、そうした神としての顔を天皇は持っているのです。この顔は、中国大陸の皇帝にはないのではないでしょうか。天皇は神であるから初尾としての贄を奉ることになっているのです。律令にはないけれども、藤原宮や平城宮の木簡から出てきますし、その全体は『延喜式』でよくわかります。木簡にも、「大贄」がたくさん出てきますね。

石井　当然、そちらが先行しているわけですよね。

網野　そうでしょうね。しかし最初から水田と魚貝はセットになっているわけです。

もちろん、水田を耕作している人たちと、魚貝・海藻をとっている海民の集団とは別個だと思いますが、制度としては、前者が表、後者が裏の形で組織されていますね。〝農本主義〟ですから水田が表になっていることになります。

石井　分業ですか。

網野　当然、分業ははやくからあったと思います。山民、海民、平地民の分業、男と女の分業はきわめて古くからあったでしょうね。

「沈没して魚鰒を獲る」、これは倭人の特徴だといってるわけでしょ。

石井　『魏志倭人伝』ですね。

網野　そうです。

この海にもぐる人たちは済州島から太平洋沿岸に広く分布していますね。「海夫」という人たちがいるでしょう。あれは、北西九州の五島や松浦地域にいます。松浦党の武士たちの下人になっています。ところが、霞ヶ浦や北浦にもいるわけです。「海の夫」と書くから、べつの読み方があってもよいけれども、ひらがなの文書には両方とも「かいふ」と読んでいます。

笑い話だけれど、海部首相が現れたときに、私は、はたと、「あ、海部もカイフと読むのだ」と気がついたのです。阿波にも海部郡、紀伊も海部郡、尾張の海部郡そして豊後にも海部郡がありますね。

石井　あれはカイフと読んでますか。

網野　豊後はアマベ、尾張はアマですが、「海部首相」は尾張の出身です。紀州と阿波はカイフと読んでいると思います。阿波の徳島には今も、海部（カイフ）町がありますよ。古くは、郷だったと思います。

紀伊国の海部郡は、地域としてはまとまっていません。海岸よりに、点々と散在しているのです。名草郡や有田郡が海部郡を切っています。逆にいえば、海民の本拠地が点々とあって、それが海部郡になったのだと思います。

石井　それはおもしろいですね。古代朝鮮の郡も、地域ではなくて、一括した住民のグループが郡を名のるんだって。

網野　人間集団が郡になるわけですね。

石井　ええ。地理的に見ると、点々と分布してて、時期に応じて場所が伸縮自在というふうに考えているみたいですね。

網野　志摩国もそうです。陸のほうでは紀伊、伊勢の沿岸の浦が点々と志摩国になっているんですよ。

石井　今でもそうですか。

網野　『神鳳抄《じんぽうしょう》』をみると、はるか南の現在は和歌山県になっているところまで点々と志摩国に入っています。

石井　おもしろいですねえ。

網野　しかも志摩国は贄として「耽羅鰒《たんらのあわび》」、つまり済州島の鰒を調として出しています。木簡でわかりますが、『延喜式』をみると、豊後も肥後も耽羅の鰒を貢納しています。だから東は常陸から紀伊半島をまわり瀬戸内海を通って、北西九州を経て済州島から、さらにたぶん朝鮮半島南部につながる海民の流れがあるのですが、この海民の流れにのって稲作やいろいろな文化が入ってくるのではないかと思うのです。

細かいことはわかりませんが、製塩の技術も、縄文時代とは違う土器製塩の技術が、やはり西から瀬戸内海に入ってきたのだと思います。米を食べるようになると、塩は、とくに必要になりますからね。ですから、そういう分業がすでに形成されており、さまざまな技術をもった集団が入ってきたのでしょうね。米や稲作だけを持ち込んできたわけではなくて、倭人集団は、さまざまな生業を内部に持った集団と考えたほうがいいのではないかと思います。

石井　でないと、専業ということでは、なかなか立ち行かないでしょうね。

網野 農業専業など、そもそもあり得ないですよ。

ただ神として贄を捧げられるという、さきほど述べたような、天皇のもうひとつの顔がありますね。さきほども話に出ましたが、亡くなった早川庄八さんがいっていたけれども、天皇の場合、革命思想は、非常に慎重に避けられているようです。中国大陸の律令そのままだったら、当然、革命思想になっているわけですが、天皇の競争相手を退けるときだけ、革命思想を利用するのです。天武系にとってかわった天智系の桓武のときに、昊天上帝《こうてんじょうてい》がまつられて、革命思想が強調されるわけです。はっきりと革命思想を強調したのは花園天皇ぐらいだと思いますが、そのころにならないと、革命思想は天皇のほうから出てきませんね。早川さんが「皇孫思想」といったように、天皇は、神の子であり、贄を奉られるとともに、中世には供御人《くごにん》を奉仕させており、山野河海に対する支配権を持っているのだと思います。中世に入っても、十三世紀までは、神に近い存在とされている一面はあったと思います。

おもしろいことに、東国には、神人《じにん》・供御人の制度は、ほとんど及んでいないのです。東の王権については、改めて考え直してもいい問題がたくさんあると思います。東の王権の基盤はおそらく、水田ではないですね。

石井 東には王権はなかったという説もあり得るんじゃないですか。

網野 大いにあり得るし、そのほうが主流でしょうね。井上章一さんがいっているように、西の立場、京都からいえば、問題にもならないでしょうね。

石井　東や北の世界では、王権あるいは国家は出ない、出なかったという考え方ですね。

網野　「蝦夷」の世界、アイヌの世界には王権は現れなかったという考え方もありますが、そこまでいっていいかどうかは、まだまだ問題だと思いますよ。それよりも、むしろ、当面東の王権について、将軍や執権に即して、いろいろ考えてみるのはおもしろいと思いますけれどね。

石井　幕府以前の、将軍以前についてもですね。

網野　そうなると、またいっそうおもしろいですね。

石井　そうですね。

網野　将門や「大君」といわれた豪族がいたわけですが、これは水田だけではないでしょうね。耕地や水田とは関係のうすい社会の中で、どういう権威があり得たか、どういう支配組織があり得たかという問題を考えるのは大変おもしろいと思います。

石井　貴族、豪族がいたことは間違いないけれど……。

網野　しかし、それは王にならなかったといわれていますね。

石井　でも本当に王にならなかったかどうかですね。そういうところも気にはなりますね。

網野　おおいに気になります。王になったと考えてみる道も十分にあると思います。私は将軍は王といってもよいと思います。黒田日出男さんが日蝕のときに天皇や摂政と同じく将軍の館をつつんでしまうといっていますが、それも一つの根拠になるでしょうね。それから狩猟の問題も東国の王を考える場合には重要でしょう。頼朝の富士の巻狩のようにね。

第五章

「百姓＝農民」は虚像か

【1】どこまでが農業といえるか

石井　前に十五世紀以後は成熟した農業社会かどうか、というところで、最近の網野さんは穀物生産だけを農業だとして、桑、漆や柿、栗は樹木生産といってはっきり区別するんだ、というお話でした。ここのところが少々ひっかかるんですね。穀物生産だけが農業というのは、あまりにもせますぎるんじゃないでしょうか。元禄年間の宮崎安貞の『農業全書』をみても樹木生産はもちろんみんな農業に入っていますしね。

網野　ええ。この場合の農業は非常に広い意味ですね。

石井　農とは謳ってないけれど、中国古代農書の集大成だといわれる『斉民要術《せいみんようじゅつ》』だってかなり広いですよ。

網野　広いですね。でも、農業とはいってないでしょう。

石井　それは書名にはありませんけれどね。でも養蚕や家畜を飼うことまで含めて「農書」といっているものもたくさんありますよ。それをみても農業を、非常に広義で捉える方が、むしろ古くから多いんで、網野さんが強調されるような狭義の農業と、少なくとも両方あるということでいかないと。全部、狭義の農業で割り切るのはどうかということなんです。

網野　そうした捉え方が古いといわれるけれどもいつごろかという問題があります。私が強調したいのは、今までは広義の農業ですべてを割り切って、なんの疑問も持たないままでいたから、もう少し厳密に考えたほうがいいのではないかということなんです。実際、穀物の農業以外はみな副業にされているから、正面からの研究が行われていないですね。私に対しては、養蚕農家、果樹農家という言葉もあるのだから、そのままでいいではないかという方向からのご批判を絶えず受けるんです。もともと、農業は広い範囲の生業を指している言葉だったのだから、今までどおりで良い、百姓も実際は農民が多いのだから、事態は何も変わらないというわけですね。

石井　それが網野さんの方法の特質だと。

網野　しかし、古代、中世では養蚕と農業をはっきりと区別している用例はたくさんありますよ。「尾張国郡司百姓等解文」では、農夫と蚕婦といっていますし、『海道記《かいどうき》』でも、養蚕は女性、農業は男性とはっきりわけていいます。「農桑」という言葉もふつうに使われていますね。それと、田畠と樹木とを、はっきり区別している事例も、荘園・公領の検注目録を見れば、田畠、在家と区別して、柿、栗林、漆、桑なども検注されていますから、制度的には明確に区別しています。それを、全部、田畠の農業でくくって説明してしまって、それで御満足なら、それでおやりになればけっこうだけれども、それでは歴史・社会の現実はきわめて偏った捉え方しかできませんね。養蚕や樹木も農業だといいながら、結局、田畠に研究は収斂して、議論は、そちらだけしかやらなかったのが、これまでのやり方ですね。あとは基本的な生産関係から外れる問題だとして切り捨ててしまうのです。

しかし無視された桑や漆、柿や栗林は、いったいどうしてくれるのだということになります。これはみな田畠と同じく、土地を使うから農業だという論理で、結局樹木の方はほっぽりだしてきたのではないですか。樹木や養蚕は農業の副業だし、たいした意味を持たない、といっていて良いのか、というのが、私の強調したいところです。そういう「農業」の用法があるのを否定しようというわけではありません。当然ありうるのでしょうが、そうした養蚕や樹木栽培まで含めて農業といいはじめるのはいつからか、という問題です。私は江戸時代になってからだと思うので、そのころから「農業」「農人」の用法には、「農本主義」のイデオロギーが確実に入ってきます。

石井 だけど、くくる場合、イデオロギーが入ってくるのは当然でしょ。

網野 それは当然ですよ。しかし、くくるときのイデオロギーに乗っかって、多様な実態を無視してすべてを田畑、米麦に収斂していくのでは工合がわるいと思いますね。

石井 すべてを田畠に収斂するというのではないと思いますけれどもねえ。逆にいえば、穀物生産とか、樹木生産とか、それぞれがバラバラになってしまうのも……。

網野 しかし実際に樹木の研究がありますか。ないのが現実なので、まず正確に分類し、いままでいいかげんにまとめられたのを、一度バラバラにして、もちろん全体を考えながら個別的な研究を深めた上で総合するという手続きがいりますね。そのとき別の表現をつくり出す必要があると思いますね。養蚕業や、果樹栽培業というのがあってもいいわけでしょう。栗林には林業の性格もありますからね。

こういう栗林や漆の木を育てることや、柿などの果樹を栽植することを、すべてイコール農業とするのは本当に学問的に厳密とはいえないでしょう。日常の便宜上や行政的にはいまのところ全部、農業でくくってしまっているけれど、学問研究は、それではいけないと思いますね。

石井 連関をみてくくる場合と、個々に区分して見る場合と、両方あって、べつにかまわないと思いますけれどもね。

網野 区分して、それぞれの独自性を明らかにして、連関を考えることが大切で、差しあたりは、くくらないほうが、私はいいと思います。くくると、どういうメリットがありますか。いままで通りで安心するということになるだけでしょう。

石井 現在はイデオロギーが入ってるんだとおっしゃるかもしれませんけれど、現在の農業問題を考えるときに、網野さんが、そのように分けて考えることが、逆に誤解を招く……。

網野 誤解は、当然覚悟してるんです（笑）。

石井 いや、網野さんが誤解をされるような場合が、逆にいえばあるということで。

網野 どういうことが起こりますかね。

石井 それはね、網野さんがこの前、『セーマ』という雑誌（一九九八夏号）に「人々の歴史の中の米」という題で談話を載せられたでしょう。その最後のところで、「現在の日本の食料自給率が非常に低いといわれるけれど、あれは本当でしょうかねえ。食料を限定して、穀物だけを中心に考えるから、自給率が低いということになっているのではないか。統計上のからくりがあるのではないか」というふうにおっしゃっているけれど、それは全くそうじゃないわけですよ。

米の自給率は一〇〇%でも、最近の日本人は肉とか卵とかをたくさん食べるようになった。それらの家畜の飼料になる穀物がほとんど輸入なので、自給率が低くなるんですね。ですから決して米や穀物だけを重視したから自給率が低くなるわけじゃない。むしろ網野さんのおっしゃるように米以外の食料をみんな考えるから、低くなるんですよ。

網野 そうですか、よくわかりました(笑)。

石井 こういうことでは、あまり説得性がなくなってくると。

網野 申し訳ありません。これは私の発言が滑っているということでしょうけれど、ただ、酪農もへんな言葉ですね。牛を飼って、なぜ、農家なのでしょうか。ようするに、飼料があるから農業になるわけですね。その飼料は穀物だけでなくて草もあるわけですが、それも同様にはいるのですかね。

石井 そうでしょうね。

網野 そうすると、牧畜の世界は全部、農業になるわけですか。牧畜もまた飼料が必要でしょうが、そうなると遊牧も農業ということになりますね。

石井 そうでしょ、やっぱり。有畜農業という形で、そういうものが……。

網野 どうして、そういう具合にみんな農業にしたがるのでしょうかね。樹木も農業、遊牧も農業なら地球上の人類は、古今東西みな農業をやってきたことになってしまいます。もちろん土を使って草を生やさないと成立しないけれど、獣を飼うのが目的でしょう。獣を飼うためには土を耕すのとは全然違う技術と原理がなければ、成り立ちえないのではないですか。そう考えると、放牧している人を農業をやる農民ととらえるのではなく、当然ながら、牧民としてとらえて、牧民の生活の中で、飼料を採るために土を使い、草を育てると考えていくほうが、学問的には実体に迫り得ると私は思うんですが、いかがですか。

飼料だから農業、土を使うから農業というところにすべてを収斂していけば、果樹もそうですね。しかし果樹を副業として、「農間稼」というようになるのは、江戸時代以降だと思いますね。「農間稼」だから、副業になり、副業になるから、実際に比重ががたっと減ったように見えるわけですね、実態は違うと思いますがね。

そういう方向で、農をまとめたことがあったことは事実ですよ。現にまとめてますけれど、そのまとめ方自体が歴史的なものなので、なぜそういうまとめ方が出てきたのかを明らかにするためには、樹木、牧畜などの要素に、もっと目を向ける必要があるということをいいたいだけです。農を、どうしても穀物だけに限定しなければいけないか、といわれるけれど、古代、中世はそうだったと思いますし、農耕には果樹栽培の意味はありませんから、やはり、言葉の本来の意味から出発したほうがいいと思うんです。

石井　だから、それから出発した上で、今度は、相互の関係を、どういうように捉えるか……。

網野　そのとおりだけれど、現実は相互にならないのです。柿の研究など、ひとつもないんですからね。柿の研究が田畠の農業と同じくらい研究がたくさんあれば、比較したりすることができますよ。しかしなんにもやってないんだからね。

栗だって、ほとんど研究されていないですね。しかし栗は、柿と同じく社会の中で相当大きな役割を果たしていたと思いますよ。栗の実だけでなく、材木としての役割はかなり大きかったと思いますね。しかしそうした研究は、今のところありませんね。

これまでは農業の副業だから、研究も「副」で良いとして実際にはなにもやらなかった、漁民も少なくて例外だから研究しなくても良いという研究者が実際にたくさんいましたからね。これは「副」でいいという、こういう扱い方をこれまで研究者が一貫してしていたのに対して、腹が立ってるわけです。

【2】女の顔が歴史から消える

網野　さきほど、声を大にして、柿の研究など一つもないではないかといったのですが、養蚕と女性についての研究も全然やられていませんね。あれほどたくさんの女性史家がおられるのに、養蚕と女性の関係について、どうして誰も指摘しなかったのか、ほんとうに不思議でなりません。

石井　それは文字史料が少ないからですよ。

網野　それは田畠が制度の基本になっているから、その方面の文書は残るけれども、女性の関わっている養蚕などの史料は少ないですね。しかし史料の少ないことは重要性がないということではなくて、史料の多いところだけやるのは、支配者の意図に沿った研究しかできないことになりますね。しかし少なくても、探せば少しは文字史料も出てきます。ただ『鎌倉遺文』のなかで、養蚕と女性の関係を示している文書は三点か四点しかありません。そのくらい史料の比重は低いのですよ。文書は制度に即して作成され、保存されますから、こうした分野の史料の少ないのは、当たり前なんです。

石井 だから、そういう研究をやろうとすれば、考古学と民俗学にたよらざるをえないと……。

網野 少なくとも一緒にやらないと実態は全面的にはわかりませんね。

養蚕は日本列島でいつごろからやっているのかよくわかりませんけれども、弥生時代以降の養蚕は、大きな比重を持っていたと思います。

石井 養蚕の重要性は教科書に出てくるようなことだ、と私は思うけど……。

網野 いや、高校の教科書には全く書いていないですよ。

石井 日本の歴史の教科書に書いてなくてもね。明治以後の農業の特徴をなんで押さえるかといえば、米と繭でしょ。だから、ひとつは水田で、非常に水田の比重が高い。それと同時に養蚕が、もうひとつの、明治以後の農業の柱になっている……。

網野 明治以後については製糸業の比重は大きいし、絹は最大の輸出産業ですからね。

石井 だから、山田勝次郎の『米と繭の生産構造』〈岩波書店一九四二〉以来の日本農業の教科書的な把握だといったんで。それが実は、もっと古いんだということを、網野さんは『日本社会の歴史』でも強調したということでしょ。

網野 『日本社会の歴史』にはとくに書いていません。

石井 書いてありますよ。

網野 当然のこととして書いているだけです。本当に強調できなかったので、いささか欲求不満です。

石井 ええ。近代日本の貿易用としての生糸は、それはまさに前近代の日本の女性の労働の成果の発展で。

網野 ほんとに、その通りだと思います。製糸工場はみな女工さんで、男にはできなかったのですから。しかし、養蚕についての研究はほとんどないです。なぜ、そうなってしまうかといいますと、ひとつには、年貢の負担者は男が基本ですね。だから絹や布が調や年貢になっていても、負担者は男ですから、女性の姿が見えてきにくいのです。それから、農業は男ですね。農夫は「夫」で、蚕婦は「婦」なんですね。先ほどもいいましたが、「尾張国郡司百姓等解文」に農夫、蚕婦が出てくるんです。

石井 『海道記』ですか。

網野 ええ。『海道記』もそうです。尾張に入ったところで、家の傍らに桑があり、蓬頭の女性が蚕簀をつかって養蚕をしているとあります。養蚕の道具が出てくるのはこれだけしか知りませんね。スノコのようなものに桑をひろげて、蚕を飼っているのでしょうね。それに対して、疲れ果てた老農夫が鍬をふるっているとあります。

そのほか、『日本霊異記《にほんりょういき》』や『今昔物語』などの説話で、女性と養蚕の関係は証明できますよ。江戸時代でも養蚕・製糸は女性です。ただ、江戸時代になると養蚕は「農間稼」になるんです。近代になって、米と繭の生産構造になる方向がはじまっているのでしょうね。農業の副業の養蚕になります。果樹にしても、みな、農間稼になるんです。

石井 それは言葉の問題でもあるんじゃないでしょうか。

網野 いや……。

石井 網野さんが、きっとそういうだろうと思って、ごく一般的な辞書で引いてみたんですが、農業とは「地力を利用して有用な植物を栽培耕作し、また、有用な動物を飼育する有機的生産業。広義では農産加工や林業をも含む」としてますよ。

網野 なんの辞書ですか。

石井 『広辞苑』です。

網野 『広辞苑』は駄目です（笑）。というよりその説明自体が歴史的なものなんですね。百姓についても辞書を引くと、人民という意味と同等に「農民」とあります。だから百姓は農民ということにはならないのです。

農業という言葉と養蚕という言葉は中世でははっきり区別されているし、田、畠、在家と桑、漆、柿、栗林は、平等に検注しているわけですからね。

石井 それはわかっていますけれどもね（笑）。

網野 農業は男、養蚕は女という区別もあったのです。百姓は農民だとしてしまうと、女性の労働は、すべて男の補助労働になってしまい、女性の養蚕は切り落とされます。しかも女性がつくっても、税金を出すのは男性なのですから、貢納物の名義は男性になってしまいます。こういう具合で、女の顔がどしどしと歴史から消えていくわけですよ。だいたい繊維製品の生産は、日本では全部、女性ですし、アジアや東南アジア、ヨーロッパも同じではないでしょうか。

石井 それには反論しませんけど（笑）。でも、一方では、やはり農業を、当時、使っている言葉で捉えるのか、あるいは現代の概念として捉えるのかということもありますし、そのへんは、さらに日を改めて議論したいところですね（笑）。

【3】壬申戸籍にあらわれる「農」

網野 「百姓」を、『日葡辞書』の邦訳には「農夫」としているでしょう。

石井 私はいわないですよ（笑）。

網野 前にも話しましたが、辞書にそう書いてあるのです。あるとき気がついて原文をたしかめてみようと思ったのです。ところが本がみつからないので、笠松宏至さんに引いてもらって、それを書いてもらったのです。そしたら「百姓」は「Laurador」という訳になっているのですね。それに対して「農人」の項には「Laurador que laura, ou cultiva os campos」とあるのです。「Laurador」は英語の「Laborer」と同じ語源なのだと思いますが、もし「百姓」が「農夫」なら、「農人」も「百姓」と同じ訳でいいはずですね。ところが「耕地を耕す」という言葉がわざわざ入っているわけです。

しかし現在も翻訳では、これを「農夫」とするのがふつうなのだそうです。現在『葡英辞書』にもそうなっているのだそうですが、日本でもいまの辞書で「百姓」をひくと「ふつうの人」「一般人民」という意味と「農民」という訳が入っていますね。ただ漢和辞典の「百姓」をひくと「農民」という解釈は日本だけとはっきり書いています。だから私は西欧でも日本と同じ歴史的な変化があったということができるのではないかと考えています。問題は世界にひろがりそうですよ。

そういう現代的な理解のしかたから、かつての歴史的な言葉を現代流に解釈していくということは大きな問題で、ここに非常に大変な歴史の事実に対する誤認が出てくると私は感じているわけです。

石井　それには問題はありますよね。

網野　一九九七年の三月に、瀬戸内海に浮かぶ、愛媛県の二神島《ふたがみじま》に行って、この島の村上宗一郎家の文書を調査しました。現在は過疎の島ですが、村上家は江戸時代、瀬戸内海一帯で手広く生魚を扱った商人です。この家に壬申戸籍の草稿が残っていました。そこで開いてみたところ、村上家の戸主の頭に「農」と書いてあったんです。村上さんに、「お宅は農と書いてありますが」と聞きますと、「うちは御覧のとおり、こういう商売で、江戸時代の末から、商人ですが、少しは畑ぐらい持ってましたかなあ」というご返事でした。そこで、改めて戸籍を点検してみたわけです。そうしますと、書かれていた一三〇軒のうち、寺が一軒、恐らく書き落としで職業の記載がないのが一軒、他の一二八軒はすべて「農」と書いてありました。この島の一二八軒の普通の家が、農業を主な生業とする農民であったとは絶対に考えられません。田地はほとんどないのではないかと思います。畑が主だと思いますが、石高は八四石ですから、一三〇軒でこれを割れば一軒あたり一反もありません。おそらく、ほとんど持ってないお宅もあったでしょう。でも一〇〇%「農」になっているのです。これには驚いて、新見吉治さんの『壬申戸籍成立に関する研究』(日本学術振興会一九五九)を買ってみました。

この新見さんの研究の中に、士農工商を基準にしてこの戸籍をつくったのではないか、という記述があって、それで少し胸に落ちました。江戸時代の社会の実態は「士農工商」とは全くかけはなれているのに明治政府はそれを基準にしているのです。「士農工商」の中には漁民や林業民の入る場所はどこにもないというやり方で、本来、この戸籍はつくられているのではないか、と思います。ですから壬申戸籍以後、明治政府は、この二神島の例のような純然たる海村といっても良いところ、ときには実質的には都市なのに村となっている輪島のようなところの人々も含めて「百姓」「水呑」とそれまでいわれていた人々を、全部「農」として戸籍に記載したのではないか、と推測しています。

明治以降には、制度的には「百姓」という言葉はつかわれなくなり、平民になりますね。百姓はだんだん差別用語になってきます。もちろん明治政府は戸籍だけで当時の人民の生業を確認したわけではなくて、雑業の調べなどいろいろやっているのですが、それも相当、史料批判が必要ですし、戸籍をみるかぎり、政府が、百姓を農民と扱っていたことは間違いありません。その結果、たぶんかなりの政策上のゆがみが、明治政府の政策のなかに現れたのではないかという大きな疑いを、いま私は持っています。まだ確認することはできていませんが。

明治十五年の伊豆の白浜の戸籍も、二〇〇～三〇〇戸が全部「農」です。白浜が全部、「農」などということは考えられません。これが、現代の「農業」という捉え方が、はっきり投影されている典型的な例だと思うんです。

「百姓」といわれる人たちの中に、「農人」とそれ以外の生業の人がたくさんいることがあるわけですね。しかし明治以降になると「農」の中に、農業を中心にしている農人でない海民や林業民、商人等々がいることになります。つまり「農」は農民ではないのです。この「農」を「広義の農業」といってしまうのがこれまでの見方だったのだと思います。しかも海辺の集落で、江戸時代「村」とされているところで、実態が都市である場合が非常に多いのです。輪島は百姓と頭振（水呑）から成り立っている村ですが、一人も農人などいません。能登半島には、そういう頭振の多い集落が、非常にたくさんありますが、これらはみな都市です。日本で海辺の集落で「村」とされたところは、みな、百姓と水呑から成り立っていますが、その中には農人はごくわずかしかいません。

そう考えていくと、人口の八〇％の百姓の中で、農人は、七〇％か八〇％だろうとおもいます。そうだとすると、多く見ても六〇％ぐらいに下がってしまうわけです。その農人の中でも、さきほどいった「農間稼」が二〇～三〇％ありますから、農業の比重は四〇％くらいになりますね。

山梨の「村明細帳」を見ますと、さまざまな稼ぎがあります。タバコがある、ブドウがある、炭焼きがある、それから養蚕は非常にたくさん行われています。

石井 それはよくわかるけれども、そういう農産物加工を含めて農業という考え方が一般なんじゃないですか。

【4】農産物とは何か

網野 そこで、農産物とはなんなのかという問題が出てきますが、タバコを農産物と見るか、繭を農産物と見るとか……。

石井 タバコは農産物でしょうね。

網野 現代の統計では当然そうですね。養蚕もみな農産物でしょうね。みな、農林省管轄ですよ。

水産業も、農林省管轄だったのですから。そういうすべてを農業に収斂する感覚が近世から近代にかけて形成されたと思います。

石井 だから、それらを全体として総括的に農業と捉えて、その中で、いろいろな加工業を位置づけていけばよろしいんじゃないですか。

網野 いやあ、やはり、果樹は果樹ではないでしょうか。田畠の穀物生産とは全然違った論理と技術体系を持ってますからね。そもそも果樹の収穫物は、必ず売らなければならないですからね。養蚕を手広くやって、たくさん絹を織ったとすれば、それは売らなければいけないわけです。もちろん田地の米の場合も、江戸後期には売るためにつくっているところがあると思いますよ。しかし、技術体系が全然違うでしょう。

農業に対して養蚕業、果樹栽培業ですね。田畠を鍬、鋤で耕して、穀物を穫るのが農業です。

石井 それをいわれるなら、田も、畠も、区別したほうがいいということになりますよ。

網野 それは当然区別してもいいと思います。ただ穀物生産ですから農業にまとめてもいいと思います。しばしばいっているように中世の用法で、「農夫」に対して「蚕婦」という区別がありますから、蚕は農業ではないのです。

中世の検注でも、田地と畠地、さらに焼畑の畑地は当然区別されているし、在家も検注されていますが、石母田正さんが田畠、在家、所従だけを、在地領主の所領の三要素として、桑や、苧、牛や馬は、いっさい切り落としてしまっています。こうした偏った見方が果たして今までの学問になかったかということです。
封建領主が農村、農民を支配するのが基本的生産関係だという見方から、桑と苧と牛と馬は、落とされてしまうんです。漆も柿も栗もみな、農業であるというわけですね。しかし平安末期の「医心方紙背文書」の加賀国の国司雑事注文でも「見作田」「田代」「農料稲」「勧農」などと、「国領桑」「綾織」「国領牧」「国領漆」「糸」「綿」「八丈絹」「紬」「桑代」などみな別々で、田畠と一緒にするようなことはしていませんね。そうなると「牧」での畜産も農業になってしまいますよ。

石井　畜産は農業ですよ。

網野　近代になってからはそういう捉え方がされています。

石井　考え方としては、有用植物の栽培と動物の飼養を農業とするのが一般的ですからね。

網野　しかし、それを農業といってしまうと、逆に田畑を鍬、鋤で耕して、米麦などの穀物を穫る、狭義の農業の大切さがはっきりしなくなってしまうということになると思いますね。非農業的なものが全部、農業の中に、ほわほわっと囲い込まれてしまうから、農業それ自体の持っている独自の意味が希薄になってしまいます。いまは農水省になってるけれども、昔は農林省で、水産業や漁村の研究をやっても農学博士なんですからね。漁業を研究してる立場からみると、こんなバカな話はないと思うんです、こういうことは、もっともっといってよかったと思うんですよ。
同じような論理で、養蚕は農業とは違うのですから、養蚕業は養蚕業なりの論理で、考える必要がありますが、そういうことをやってこなかった、と思います。行政が養蚕と農業を同じ扱いをしていたとしても、研究者はそれとは違っていなくてはいけなかったと思います。そうしていたら、あれほど簡単に、養蚕業がだめになってしまうことはなかったかもしれないですよ。

だいたい、専ら海や湖を埋め立てて、水田にしてきたわけですね。八郎潟などはそうしてつぶされてしまいましたが、そういうこれまでの農政の論理は、やっぱり、大本のところでは、現代流の農業の捉え方を過去にまで投影して歴史の事実をゆがめてしまったのだと思います。

石井　うん……、それはですね、いろいろいい方がいくらでもあると思うんですけれども……。

農政がうまく行かない理由は、なにも概念が広すぎるからじゃない。もし網野さんのように田畑も樹木も全部別だと分けて、田畑省や樹木産業省をつくっても、それぞれ勝手にタテ割り行政やったら、今よりもっとひどいことになったかもしれないでしょ。

網野　まず区別して、総合する必要があるのだと思います。それでは、炭は農業ですか。

石井　炭は農業ですよ（笑）。

網野　炭は農業ではないですよ。

石井　でも土地の上にできるものですからね。

網野　そんなことといったら、地球の上でやっている世の中の生業は全部、農業になってしまいますよ（笑）。

石井　いや、それは冗談ですけれどもね。

網野　少なくとも水産は農業にはできないはずですよ。塩業も土地を使うけれど農業ではないでしょう。

石井　いや、水産は農業とはいってないですよ、私の見た辞書でも（笑）。

網野　それはそうでしょう。

石井　でも、やっぱり、植物と動物、それから……。

網野　動物は牧畜ではないのですか。

石井　それは家畜の飼育と、植物の栽培とは密接な関連が……。

網野　それはあるけれども、植物の栽培と動物の飼育とは全然次元が違うでしょう。

石井　密接な関連があると。だから、全世界的な農耕文化の、いろいろな系列があって、そういう中で、とくに地中海沿岸の農耕文化などは家畜を伴って、総合的な体系としてできていると。そういうような形で見ていくと……。

網野　いろいろな生業は密接に関係があるから全部農業ということになるのだということでは、現実を正確には捉えられませんよ。地中海沿岸の場合はふつう農耕と牧畜でという捉え方をしてるでしょう。

石井　そうですね。ただ、文化の全体としては、やっぱり密接な関連があると見るわけでしょ？

網野　関連はあるけれどもそれを、全部を農耕にしてしまわなくてもいいのではないかと思いますよ。地中海でも、オリーヴとブドウを当然のごとく農業に入れてきたのは問題だと思いますね。

石井　いや、それでもいいと思いますけどね。

【5】柿・栗・漆の重要性

網野　まず区別することが大事なので、区別をあいまいにしたままだと、結局、みな、頭が、穀物、食料のほうにいってしまうことになってしまうのではないでしょうか。研究者もみなそう思ってますから、変なことになるんですよ。

さきほど、話に出たけれども、柿についての研究は、今までのところ、『柿の民俗誌』（現代創造社一九九〇）という本を出された今井敬潤さんという高校の先生がおられるだけです。歴史家は、〈柿色の衣〉のように、賤視の問題と結びつけて考えてきたわけですが、柿の食料としての重要性、とくに柿渋の庶民生活の中で果たした役割の重要性についての研究はないと思います。

しかし、私は、柿の持っている食料としての役割は、けっして小さいものではないと思います。柿も本数を検注して、十本に柿一連という独自の賦課をしていますし、百姓の財産の中にも柿、何把があげられているわけですからね。今までぼんやりしていたんだけれども、支配者は、柿が名産地になっている、近江、尾張、美濃には柿御園を設定していますからね。柿は、おそらく縄文時代からあってもおかしくないでしょうね。

石井　栗も当然、そうですね。

網野　栗については、栗林の面積がきちんと検注されているんです。

石井　それはいくつもありますよ。安芸の国でもいろいろやってます。

網野　ええ。栗林については、木の実だけではなくて、造林して建築材に使っていると思います。

石井　三内丸山遺跡ですね。

網野　そうです。鹿島神宮の二〇年に一度の遷宮のために、今までは那珂郡の山奥から、木を切って那珂川を流し、海を船で運んできたけれども、これでは費用もかかるし、人手もいるから、ということで、貞観八（八六六）年、宮のそばには広い空き地があるので、栗を五千七百本植えています。栗は植えやすく、成長が早いといっていますが、榿も一緒に造林してるんです。これは三四本と書いてあるのですが、『日本三代実録』には、頭注に「万脱か」と書いてあります。とすると、榿は三四万本植えていることになります。

　栗林の検注取帳もありますね。百姓の家ごとに持っている栗林の面積を調べています。播磨国矢野荘の南北朝期の文書です。もちろん栗の果実も食料としては重要な意味を持っていたと思うんです。だから、柿、栗に、粟、稗などを加えますと、普通の庶民の食料は米だけで食べていると考えるのは、きわめて都会人的な発想だという気がしますけれどもね（笑）。

石井　それは完全に間違いなんじゃないですかねえ。

網野　そうだと思います。

石井　食料では直接ありませんけれども、柿、栗ときますと、漆ですよね。

網野　ええ。漆は、食料ではないけれど、たいへん大事です。やはり本数が検注されています。

石井　三内丸山等で、また漆が大変問題になったけど、どうも縄文の漆は、とくに北のほうで、非常に質のいいものを使ってるでしょ。以前、漆研究の専門の方にお話をきいたんですが、漆というのは液を採取したら一日の間に仕事をやり終えなければ駄目なんで、そうするためにはある程度の人数が必要である。それで、これだけの物をつくるためには、保存ができないから、いつも必要なときに採取できるだけの相当数の漆の木が近隣にあることが条件で、それはだから、農業になるのか、林業になるのか……。

網野　それはやはり農業ではないのではないですか（笑）。もし栗林や漆を「農業」というなら縄文時代から「農業」はまちがいなくさかんだったことになりますが、そうは思えないでしょう。やはり樹木栽植ですよ。

石井　村のすぐ近くに、ある程度、育てているか、そうでなくても、ちゃんと目星をつけたものが、管理下に、相当量の漆がないと、駄目なんだという話をうかがいましたね。

それは、だから、採取経済か、それとも……。

網野　しかし、木器を作る技術がなければ漆だけ採っても仕方ないでしょう。

石井　もちろん。

網野　古代でも、漆の本数は調べていますが、中世になってからでも、備中国新見荘については、漆のことが一番よくわかる荘園です。新見荘には、文永の頃の漆の名寄帳があります。百姓ごとに本数を調べているのです。その漆から、一本について、一夕一才五厘という、ごくごくわずかな漆を掻いて、百姓が納めています。それを一杯という小さな単位になっていて、最後は桶が単位なんです。これを都に運んでいますよ。

石井　それで、漆紙の蓋をして運ぶとか、移動するときの、いろいろな技術ができてくるんですよね。

網野　ええ、そうでしょうね。

それと、合子《ごうす》が年貢になっている荘園があります。伯耆国美徳山領の温谷別所の百姓がつくって、反別五〇枚を納めているんです。

こういう木器をつくる技術は、もちろん木地師、つまり轆轤《ろくろ》師と塗師のような職人がつくる、かなり高級なものもありますが、鎌倉あたりから発掘される、膨大な、粗末な漆器がありますね。こういう漆器を、いちいち職人が丹念につくっていたのでは間に合わないと思います。非常に広い、百姓的な漆器生産があったのだと思います。これも農業というのかもしれませんが、そういう漆器を一生懸命つくっている百姓がいて、市場に持っていって売っている百姓がたくさんいたと思うんです。そうでなければ、あれだけの膨大な漆器の分布は理解しがたいものがありますね。

石井　後になると、いろいろな焼き物生産も発展してきますね。で、焼き物で食べるか、漆器で食べるかと。あれも地域的な差があるんじゃないでしょうかね。

網野　あるでしょうね。北海道や東国では、漆器の食器でしか食べていないところもあると思いますね。

焼き物も百姓の生産だと思いますね。最近の考え方では、たとえば小野正敏さんは、職人というよりも、むしろ「焼き物百姓」とでもいうのかな（笑）、でも、これは農閑期に焼き物をやっているなどというものではなくて、農業のほうが副業で、焼き物が専業だといっていました。また話が戻りましたね（笑）。

石井 中世の焼き物は、越前焼なんかは、季節産業ですよ。備前焼では、季節産業ではなく、常時やってるでしょうし。瀬戸、常滑のあたりでも、そうでしょう。それは賛成ですね。

網野 これは農業とはいわないと思いますよ。

石井 ははははは。いやあ、それは、反対しませんよ。

網野 いやいや、まだわからないよ（笑）。

石井 反対しませんよ（笑）。

網野 石井さんは反対しないかもしれないけれども、これが反対されるんですよ。

石井 窯業は違うよ。

網野 炭もちがうし、林業も違います、栗林も違います（笑）。

石井 ははは、でも、それはやっぱり広義の農業だよ（笑）。

網野 そうかなあ（笑）。

石井 考えてみれば、やっぱり言葉の問題という気もするんですね。

網野 「農業」という言葉の拡大解釈だと、私は思います。

石井　拡大解釈とおっしゃるけれども、逆にいえば、網野さんが農業という言葉の縮小解釈で、それで、そういう縮小解釈の範疇に入ってこないものを非農業民ということになりませんか。

網野　しかし、私が非農業民といったのは狭い意味の農業に対して、いっているのですが、非農業の意味をもっと細かく区別して、その独自な役割を明らかにしてから、総合的に考えることが必要だと思います。

石井　それはそうですね。でも総合的に考えて、相互間の連関についてももっと目を向けて行かなければ……。

【6】「農」の概念

網野　田畠だけを耕作している農民とか、あるいは純農村などは、実は頭の中でつくった概念で、歴史上の実態としては、ほとんどないのではないですか。

石井　でも、そういうことをいえば、さまざまな概念は、だいたい、そういうものですから。

網野　それはそうです。ただ、農業に関連する概念は、きわめて、微細なまでにありますね、学問上の概念が分化して、使われているわけです。小農民から始まって、中農、富農、地主があり、自由農、農奴、隷農などなど、いろいろな概念が駆使されていますね。

ところが、さしあたり、海民とか、林業民に即してみても、学問上の概念としては分化していないと思います。だから、議論が非常にしにくいわけです。林業民も、農民だといわれてしまいますと、実際に山林で働いて、生活している人間にとって、田畠を耕作することと、山に行って木を切ることと、まるで違うはずなのに、農業の方だけ概念があって、林業に即した学問上の概念はほとんどつくられていないと思います。

石井　それはたしかに、そういうものを使って議論をしなければいけないんだけれども……。

網野　そうだと思います。

面白いことに『職人歌合』の中で「農人」が唯一、『三十二番職人歌合』に出てくるのです。

石井　それは、どんな歌になってますか。

網野　歌は、一首は「ものだね」を園や門田にうえて、まさしく「農業の家」の歌、もう一首は地頭に対し損亡をこう「百姓」として現れます。絵は、鍬を担いで歩いている農人が描かれています。

しかも、重大なことは、「庭掃」と番いになっている点です。『三十二番職人歌合』は全部、このころ賤視されはじめたと思われる人たちが描かれており、庭掃もすでに賤視されていると思いますが、そのように土や庭園に関わるということで「農人」と番いにされています。こうした歌合の中に「農人」が入っているのは大きな問題です。

つまり室町時代、十五世紀後半ころには、農人に対して、そういう賤める方向の目で見る姿勢が社会の中にあったと考えられるんです。室町時代は、社会全体が重商主義的で、農本主義ではないですからね。そしてこの絵の農人は、やはり、鍬をつかう狭い意味の農業です。さきほどの自給率の問題ですけれども、穀物は、比重が小さいと思いますけれども。

石井　というか、現在の食物は肉食の割合がどんどん高くなっているのが、世界的傾向でしょ。それで、人間のつくった穀物を、今度は家畜に食わせて、その家畜を食うという循環に、だんだんなっていく。間に家畜が入った食物のサイクルの体系になっていくみたいです。

網野　牧畜が、変わってきているんですね。家のそばに柵を設けて、牛を飼うという程度の牧畜だから、酪農ということになっているわけですね。

石井　ええ。モンゴルの牧畜民族とか、そういうのとはまた違いますね。

網野　それは全く違うでしょうね。

石井　さっきの渡部忠世さんの、日本人は米食民族ではなくて、米食願望民族だという説ですが……。

網野　まさしく、そうだと思います。

石井　願望というところまで持っていったのは……。

網野　最初は律令国家ですね。

石井　そこが非常におもしろいですね。

網野　その願望の「虚像」に、ついにいままで引きずられてきたところがね、恐ろしいと思いますよ。

石井　でもですね、やはり日本人は、明治の日本人はなかなかですよ。正直であり、まじめであり、よく働きね。

網野　民衆道徳ですか。

石井　あるいは通常道徳ですかね、そういうようなものは江戸時代に、寺子屋とかで教え込まれた、それがあるのかしら。

網野　そうですね……。

石井　日本人って、そういうような点で、なかなかまじめなんでしょう。

【7】女性の力の再評価

網野　そうでしょうね。少し話が変わるけれども、私は、江戸時代までの日本人の識字率は高かったのではないかと思いますね。今までは無文字社会といわれ、一丁字も知らない「常民」という捉え方がされてきたと思いますけれど、これは誤解なのではないかと思いますね。

一例をあげると『回想の明治維新』(岩波文庫一九八七)を書いたメーチニコフは、明治初年、横浜でお茶屋に入ったら、女の子がお茶を出したあとすぐに、懐から本を出して読んでいたというのに、非常にびっくりしているわけです。これは本当だと思うので、ひらがなは、女性もひろく読めたと思います。

さきほどの話に戻りますけれども、女性は自分で生産した繭や糸を売っているんですね。そうだとすれば、計算ができなければ駄目ですよね。だから、女性たちは、計算能力を絶対に持っていたはずです。そうすると、漢字やカタカナの難しい文章はわからなくても、計算やひらがなを読むぐらいの能力は、十分にあるだろうと思います。

石井　承久の乱で、鎌倉勢が京都に侵入したとき、天皇が、詔を出す。北条泰時以下、何千人もいた武士の中で、読めたのはただ一人だけだった。だから、武士は無学だった、といわれてきたんですけど、あんな、難しい漢字ばかりの詔なんて、今の大学生だって読めっこないんで、私だってちゃんと読めるかどうかわからないですよね（笑）。

だから、読める、読めないという、レベルの問題もあるんですね。

網野　基準が違うんですね。だから、字を見たらばミミズがのたくってるというだけではなくて文字は文字としてわかって読めるということが識字率ならば、相当高いですね。

石井　たぶん、そうだと思いますね。

網野　漢字を知って漢文を読めるということとは別で、ひらがなを日常的に読むことはできたと思います。

石井　それは全然、別だと思いますね。

網野　しかし、庶民が文字を知っているとか、計算能力を持っていたとすると、これは農業だけじゃ、出てこないですよ。

石井　それは、まあ、永遠の課題だから、また別にしましょうよ（笑）。

網野　また挑発しましたね（笑）。農業だけでは生まれないといってしまった（笑）。

石井　いやあ（笑）。でも、日本では、蜂の子、ザザムシ、イナゴ、なんでも食べるでしょ。ようするに雑食でなければ、とても、厳しい状況の中で生き残ることはできなかったんでしょうね。

網野　雑食だからおいしくてね……。

石井　それも挑発でしょ（笑）。

だけど、実際上は、計算すれば、すぐにわかるように、律令制下の班田農民が班田だけで食えるわけがないんですよ。しかも、その田んぼが、計算どおり、とてもいきそうもない。

網野　いくわけがない。

石井　どうして、そういうようなことを考えずに、建前ばかりを、延々と教科書で教え続けてきたのかなあ……。

網野　それが私自身も一番反省するところです。『日本社会の歴史』を書きながら痛切に感じたことです。

ただ律令国家をつくった「日本国」の支配者が本当に、本気で制度を実現しようとしているところが怖いですね。実際、ある時点までは、本気で水田を班給しようとしていますからね。

石井　それが一種のまじめさなんですね。

網野　そうなんです。非常にまじめなんですね。木下良さんの話を聞いて、ほんとに呆れたけれど、あんなに広い道を延々と真っ直ぐにつくるわけでしょう。しかも、七道たしかにつくっているんですね。あれだって、ある程度、人民の支持がなければできないことでしょうからね。だから、支持がなくなったとたんにだめになってしまうわけで、おのずと支配者にやる気がなくなってしまうと頓挫してしまいますね。

石井　支持もそうですし、それから設計とか、そういう技術がなければ、できっこないですねえ。

網野　ええ。あのような直線道路つくっているということ自体、脅威的ですし、また逆にあれほど無駄なことはないですよね（笑）。こんなに山や起伏の多いところに真っ直ぐな、しかも十数メートルの巾の道を通そうとするのですから。古代帝国はみな直線道路をつくりますが、それと共通していますね。ローマ、ペルシャ、そしてインカの道も真っ直ぐですからね。アメリカも同じで、ニューヨークの街並みはまさしく直線ですね。

石井　飛行機の上からアメリカ大陸を眺めると、いやになるぐらい真っ直ぐですよ。

網野　はい。サンフランシスコに行って、やはり驚きました。あんなに起伏のあるところに、みな、真っ直ぐな道をつくっている、だから驚くべき急角度で車は上り下りしていくわけですよ。

石井　まさにそうでしたね。

網野　古代の道がだめになってからの日本人だったら、あのような道は、つくらないですね。曲がりくねった道で、山を上るでしょうからね。しかし、こうした、直線志向は、条里制や条坊制にもつらぬかれているわけですが、これは一体なんなのか、ということですね。

石井　日本の景観にはね、両方あるわけですよ。そういう条里制の直線と、棚田に代表されるような曲線とね。
　棚田が日本の原風景だというと、皆さん、なるほどとうなずいてくれる、やっぱりあの曲線の美もあるんじゃないですか。

網野　棚田についていうと、能登は古い水田の姿を非常によく残していますね。私はきちんと保存すべきではないかといったのですが、則貞というところの見事な谷田はこわれてしまいました。ただ輪島の千枚田はよく残していますが。私がいいたいのは、こういう棚田は、遅れた後進地帯だから、古い形態が残ったというのではないと思うんですよ。国東《くにさき》も、そうだと思いますね。むしろ水田だけではないほかの生業、能登なら廻船や商工業で十分、生活ができるから無理して開発もしないし、古いものを大切にしているのだと思います。

石井　それは、私も、この間、そういうことをいいましたよ（笑）。

網野　そうでしたか。それはたいへんけっこうです（笑）。

石井　信州のほうが水田はずっと進歩してると、私は思う。信州は近世かもしれないけど……。

網野　近世でしょうね。

石井　蓼科の麓なんか、どんどん長距離用水路を開いて、それで水田を開くでしょう。

網野　信州の場合はそうですね。

石井　大分の国東半島の方が、信州よりもずっと古い、いまだに竹の樋で田んぼに水をやってるような田んぼが残ってるんですね。

網野　それは、開発が遅れているからではなくて、国東は商業と交易の中心ですよね。能登もそうなんですよ。

石井　国東も能登も、瀬戸内海や日本海に突き出した半島として、海上交通の重要な場所であることが共通していますからね。それにはまったく賛成ですね。

網野　ですから、米や水田の意味を、そういう方向から捉えることも可能なのだと思います。大切にする意味があるわけです。重商主義と農本主義が、ここでは見事に調和するところがあるのです。

石井　なるほど。国東であれば、漁業とか、あるいは海運業とか……。

網野　海運業でしょうね。

石井　あるいは石工ですね。

網野　そうでしょうね。

石井　石の細工がさかんです。そういうことが稼ぎだけれど、先祖伝来の田んぼとか、非常に古い習俗の先祖祀りとか、お墓なども、ちゃんと大事にしてきたんですね。

網野　そうですね。

石井　そういう生活が少し前まで続いていたんだと思いますね。

網野　それが、今、崩れつつあるから、それを大事にしようという方向で考えるのはよくわかりますけれども、だからといって、能登が専ら水田社会であるといわれてしまうと、ほんとに困ってしまうのです。

石井　能登にアエノコトという有名な行事がありますね。秋の収穫祭に、家の主人が田の神様を背中におんぶして、家の中にお迎えして祭るという……。

網野　そうそう。

石井　あれは歴博の民俗展示のポイントのひとつなんだけど、アエノコトというのは、あまりによくできすぎてて、ひょっとして、わりあい新しい時期に、合理化された神事じゃないかなあ、というような気がしないでもない。

網野　たしかにそうです。能登の耕地について、香月洋一郎さんが非常におもしろいことをいっていました。時国家の水田について、ここは開こうと思えばまだいくらでも開けるけれど、何もやっていない、というんです。

石井　おもしろいですねえ、それは。

網野　それを聞いて、「なるほど」と思ったんですよ。

石井　その点は網野さんと意見一致ですね（笑）。

網野　ははは。

本気で開こうと思えば、開けるけれども、開く必要がないわけです、ほかの生業で十分食べていけるわけだし、よけいな開発に労働力を投入するよりも、もっと大切な生業に重点をおけばいいという方向だと思います。

石井　そうでしょうね。

【8】今後の課題――「複合生業論」

石井　今後の課題として……、安室知《やすむろさとる》さんの『水田をめぐる民俗学的研究』（慶友社一九九八）という研究があるんです。私は棚田の保全運動の、「全国棚田（千枚田）協議会」の機関紙に紹介しようと思って勉強したわけですけどね。

大変分厚い、ガッチリした本なんですが、その中では「複合生業論」を展開していまして、かつて、坪井洋文さんは畑作か、稲作か、芋を選んだか、稲を選んだかと、こういう二者択一の論法だったけど、実態はそんなものではない、それは問題の単純化だという主張なんです。

安室さんの意見は、結局、水田農業は、水田と畑作、漁労、採集等を複合してひとつの農業の形態になっているんだと。これは網野説からいえば、十五世紀以後の成熟した農業と、さまざまの生業の複合ということになるんだろうと思いますが、そういうものを受け入れることができるのが水田農業の特徴だ、と。それで、ある段階、比較的新しい時期になって、そういう体系が成熟するんだと。

全国各地域の調査の結果がたくさん記録されているんですが、一つだけ長野県北部の山間地の棚田の村の例をいいます。棚田の畦は、石垣でつくらない場合は、土坡でやりますよね。北信のこの村では土坡の斜面のノリ面に、畦豆を大量に植えるんだそうです。そうすると棚田が連なっているんだけれども、棚田の下の方を通る街道から見ると、この村は豆畑ばかりで、豆しか食えないひどい村だと、よその旅人からは見えるけど、村人が住んでいる高いところから見ると、水田しか見えないというんですね（笑）。だからこんなに富んだ村はないと、トミクラというところなんですけれどもね（笑）。今は信州そばでも有名な所じゃないかと思いますが、これはなかなか象徴的な話だと思うんです。

信州の例でいうと、あとは水田でドジョウが捕れる、タニシが捕れる、ため池では鯉や鮒だと。佐久鯉とかは、そうした水田の養魚が非常に商業的に展開した形だと。だから、複合生業論で、比較的最近の日本の水田稲作を特徴づけようという考えなんですね。

網野 今の話とはちょっと違いますが、私は、桑、柿、漆、栗は農業じゃないと思っているけれども……。

石井 いや、だから複合農業論じゃなくて複合生業論だということでいいんじゃないの。

網野 今までは水田だけを浮かび上がらせていたのが、まずいということですね。

石井 最終的な結論は、そういうところで意見一致といきたいですね（笑）。

網野 複合生業論とすると、もうひとつ考えなくてはならないのは、商業ですね。複合的な生業となると、どうしても自給自足ではないですよ。そうした交易、商業が、前提になってはじめて複合が成り立つわけですね。

　複合的な生業になるのには、前提として、そうとう流通が高度に発達していなくてはなりませんね。もちろん縄文時代から商業はあるとしても、複合が安定する形になるのは中世後期、近世になってからだと考えられますね。

第六章

倭国から日本へ　国号の問題

【1】「倭人」は朝鮮半島南部にもいた

網野　『日本社会の歴史』を書いたとき、大きな問題のひとつとして、念頭にありましたのは「日本」という言葉、国名そのものなんですよ。

石井　国号としての「日本」と天皇号の問題ですね。『日本社会の歴史』では、天武・持統朝の浄御原令ではじめて「倭」にかわる「日本」の国号、大王にかわる王の称号「天皇」や「皇后」「皇太子」などが制度的に定められ、「日本国はここにはじめて列島に姿をあらわし、天皇の称号もはじめて正式のものとなったのである」と明記されましたね。これはこの本のなかで、大変力を入れられた部分だということ、よくわかりますよ。その辺のところをもっとくわしく、倭国の前の倭人のあたりからうかがいたいですね。

網野　倭人はイコール日本人ではないと思います。倭人は朝鮮半島南部にもいたはずで、新羅人になった人もいたと思いますからね。これは、稲の問題ともかかわりますが。

埴原和郎さんのいわれるように、紀元前三世紀から七世紀までの千年間に、最大、一五〇万か、一〇〇万か、少なくとも数十万の人が、朝鮮半島や中国大陸から、列島の西部に渡ってきたとすると、それが倭人の世界ということになるのでしょうね。

中世の倭人も、ほぼその範囲でしょうね。しかし、倭から日本に国号を変えたときの、ヤマトの指導者の決断は大変なことだったと思うんですよ。この国名変更には、唐から多少とも自立しようとする意思があったのですから。だから、則天武后に、なんで変えたのかと質問されて、国が違うとか、倭という字が悪いとか、日本が倭国を併合したとか、弁明したらしい形跡が『旧唐書』にのこっていますよね。あれは、使いに行った、粟田真人たちの弁明だと思いますね。

そのとき、本当は、「日本国天皇」といいたかったのだと思いますが、それは、通らなかったでしょうね。「天」を使ったこの称号は、中国大陸の天子には認められないと思います。

ここで、「倭」から「日本」に国名が変わるから、それからあとの中国大陸の歴史書では「倭人伝」から「日本伝」になるわけです。この国号変更はきわめて重要な意味を持っているのです。中国大陸の大帝国に対して、ヤマトの支配者たちが、多少とも自立した帝国になろうとした意志の明確なあらわれですからね。それを現代日本人に対して、まったく認識させようとしていないのが今の文部省ですよ。それとともに歴史家や考古学者自身も気づいていなかったから、「弥生時代の日本人」とか「縄文時代の日本」などといういい方を平気でしてきたのだと思います。現代日本人のルーツを辿れば、縄文、弥生まで行くという意味なら一応わかりますけれどもね。歴史的な事実として使うのは、誤りだし、こういう表現は事実に反するのでまずいと思います。「日本」はけっして地名ではなく国名なのですから。軽軽に日本人という言葉を使うと、「神代」から日本人がいた、というのと同じことになってしまいます。

なにより「倭」から「日本」に国名を変えたということは重大な変化ですね。今いった通り、対外的には、中国大陸の帝国に対して、自立を明確に強めたことの表現であったことは間違いありません。それとともに、倭国と日本国では、領域が変わりますね。倭人の一部は新羅人になってしまいますからね。東北南部の福島あたりまでが日本国の領域となり、国境ができ、今まで倭人だったかどうかもわからない関東人や東北人の一部も日本人になります、ともあれ東北南部まで、日本国の国制が広がります。「日本人」はなにかについて、いろいろといわれていますが、日本国の支配下、国制の下に入りその人民となった人を「日本人」というのが、私は一番単純だし、正確な表現だと思うので、ここでは東北南部までが日本人、それより北の人は日本人ではないことになります。

石井　そのへんのことが、『日本社会の歴史』では必ずしも十分に書けなかったということですか。

網野　それは一応書いたつもりです。天皇号についても、日本という国号と同じときに、公式に決まったので、それ以前に天皇号を使うのはおかしいと思います。

石井　天皇号の前が大王だったというのは、ちょっと……。宮崎市定さんのように、「大王」というのは尊称であって、称号としては「王」だという方がわかりやすいですね。網野さんが「大王」にかわる王の称号「天皇」というように表現されたのも、そういう意味なんですか。

網野　それは、『隋書』に倭王は「オホキミ」といったとあるからそうしたのですが、「大君」は平安時代後期の東国にもいますからね。

石井　今の王と大王というのは、網野さんのではなくて、通説についていったんですけど……。

網野 それほどはっきり区別できるかということですよね。

石井 ええ。どうかなあと思いますね。

網野 後に天皇になる人だけを大王といったとは、もちろんいえないと思いますよ。

石井 そんなこと、考えられないですからね。

網野 ふつうの人が下から上の偉い人を呼ぶときには、大君といったでしょうね。

石井 みんな、そうだと思うんですね。大和の王だけ大王ということはなかったでしょう。

網野 ただ倭王が「オホキミ」といったということがあるので、大王にしておいたのです。東国にも大君といわれた人のいたことは、『日本社会の歴史』の中でも書いてありますよ。しかし、そういう問題を論じ始めると、一冊の本でも間に合いません。ただ、この本では、言葉、用法にはかなり気をつけたのです。天皇号の決まるまで、直ちに天皇とはもちろんいわないで、限定をつけてから用いるようにしました。皇后とか皇子ともいわないことにしてあります。日本国ができて天皇号がきまるまではすべて「日本列島」としておきました。

佐原真さんは、日本は地名とおっしゃるけれども、それは大きな間違いですね。そういったら、「西日本をなんというのだ」と聞かれるので、「日本国ができてからは、西日本、東日本で良いけれども、日本国ができる前は列島西部、東部と表現したらどうですか」、といったら「それでは翻訳ができない」、と怒っておられましたね。しかし列島西部でも十分翻訳ができるのじゃないかと思いますよ（笑）。

そのへんは大変に重要なことで、いろいろな問題が出てくるわけです。

石井　倭から日本に国号を変えたときに、関東も、東国も併合したのですか？

網野　併合というい方はべつとして、日本国の国制は確実に関東にも及びますよね。

石井　でも『日本社会の歴史』では、もっと以前、天武が大友王子をやぶった壬申の乱の時に、はじめて「東国」は自発的に大王の支配下に入った、と書いてありますが。

網野　ええ。それは今までの通説だと思いますけれども。

六四五年のクーデターのあとすぐに、東国に国司が派遣されていますし、ヤマトの支配者にとって東国は、異質なところという意識があったと思います。壬申の乱のときに、大海人が東国の勢力を組織して勝利した結果、最終的に東国が日本国の中に入る条件ができたという感じは持っていたので、そのような書き方をしたのです。天武が信濃に都をおこうとしたのも大変面白いことですね。なぜ信濃だったのかを本気で考えてみる必要があります。

東北北部は、日本国ではありません。日本国の侵略に対して、東北人が頑強に抵抗したので、結局、日本国は東北をすべて支配できなかったと思います。北緯四〇度以北の最北部は、最近の大石直正さんの説ですと、十二世紀になってはじめて日本国の国制が及ぶのだそうです。入間田宣夫さんは、もう少し早く十一世紀ころといわれて、議論はあるようですが、東北の津軽・下北は、日本国になるのが大分遅れますね。

これまで漠然と日本といってきたので、こうした重大な問題が視野に入ってこなかったのだと思います。たしかに一三〇〇年間、日本という国の名前は変わらなかったことは事実ですが、日本国自体、そのあり方も領域も歴史の中で変化しているわけですし、日本という国の名前は必要があれば、変えることもできるわけです。そういう意識が日本人の中から、まったく出てこない、ということ自体が大問題だと思います。

【2】国家を超えた世界認識

石井　あとは、逆に、それまで倭人、倭国の地だった部分が切り離されるとお考えなんですか。

網野　朝鮮半島の倭人の居住地は、新羅人になったのだと思います。倭国ではありません、倭人ですね。

石井　中世にもあったような東シナ海の沿海世界、これは倭人の後裔ですか。

網野　おそらく後裔とみてよいでしょうね。

石井　そういうような世界を、ずっと強調したいというか、強調せよというお考えなのですか。

網野　それをとくに強調したいということではありませんが、少なくとも、そういう国家を超えた世界、海を基盤とした世界があるという一面をはっきりと見ておかないと、正確な捉え方はできませんね。最初から朝鮮人ありき、最初から日本人ありき、として古代から日本対朝鮮の関係としてすべてを見るという見方はまったく誤りですね。いまでも日本や韓国にそういう見方は根強くありますが、こうした見方を批判するためには、のちの国境や国家にこだわらない見方を確立する必要があると思います。

なんとなく昔から「日本人」といわないとおかしいという発想をやめる必要があります。やはり「弥生時代から『日本人』がおりました」、では困るんですよ。

そうなると倭人と日本人の区別も、倭国と日本国のちがいも、たちまち見えなくなってしまうのです。日本国の中の西日本人と東日本人の差異も出てこないし、結局、西に視点をおいた、稲作中心になってしまうことになると思うのです。

石井 そういう網野さんのおっしゃりたかったことを浮かび上らせるためには、『日本社会の歴史』のなかでまとめて、もっと強調するところがあったほうがわかりやすいですね。

網野 それはそうだと思います。この本のように叙述をしてしまうと、その間に評価を入れるのは、非常に難しいことです。

石井 それはわかりますね。なんか全体が政治史的な叙述の中に埋もれてしまった感じなんですよね。

網野 まさしくおっしゃるとおりです。だから欲求不満が非常に強くなってくるんです（笑）。

石井 逆に読者のほうでも欲求不満が強くなって、あの網野さんが、こんな本を書くとは何事だという声が一方で出てくるんでしょうかねえ。

網野 はい、そうなのだと思います。ただ、そういうことを考えながら書いていたのですが、今回は、議論は禁欲して、天皇や日本の用語は、神経質なぐらいはっきりさせようと思ったのです。だから、皇太子という言葉も、天皇が出てくるまで使っていないのですよ。こういう非常に細かい細工はね、いろいろと施してみたのですが、あまり気がつかれないのでしょうね。例えば、東北侵略のようないい方もその一つで、笹山晴生さんの表現を拝借したのですが、東北への日本軍の侵略という言葉を使ってみたりしたわけです。日本国の列島社会の歴史の中で持っている意味を明らかにしようと思ったのです。

石井　それは日本国の歴史性といいますか……。それをはっきりさせようという試みでしょうか。

網野　その通りです。日本国も歴史的な存在であり、始めがあれば終わりもありうるのですから、現在の「建国記念の日」などはまったくおかしいという気持ちも込めているのです。

石井　なるほど。そうすると日本国の始まりは天武朝からで、この前提としては、天智が百済のために朝鮮半島に出兵、唐と新羅軍に敗れた白村江の戦というのの意味づけが大変大きくなってきますね。ところで白村江の前後、日本国の成立で国の国境も大きく変わったんでしょうか。

網野　そう思いますね。

石井　倭人世界と倭国というものを、どのように区別して考えられるかということとも関係があるでしょうが、加耶はなぜ滅んだか、という議論ともかかわりそうですねえ。

網野　関係は大いにあるでしょうね。

倭人をどう考えるかについては議論があるでしょうが、倭人が朝鮮半島南部にいたなどというと、あちこちから、たいへんに叱られることがありうるでしょうね。

石井　そうらしいですねえ。

網野　『日本社会の歴史』にあえて書き込んでみたのです。

朝鮮半島に前方後円墳があることは間違いないないし、弥生式土器も出るのだそうですね。韓国の学者も、前方後円墳は、認めていると思います。

不思議なことですが、『日本社会の歴史』について韓国、朝鮮の両方の新聞と雑誌がインタビューに来ました。総連系の新聞と、それから韓国系の雑誌の、両方に紹介されたのです。

両方の記者に、私ははっきりといったことの一つは、「倭寇」を日本の悪事にあげるのは、誤りだということです。倭寇の中には朝鮮半島や済州島の人たちも入っているという有力な説があるし、倭寇は日本の政府も弾圧しており、けっして日本国として行ったことではないと強調したのですが、それで通ったと思います。ハングルではそう書いてあるのかはわかりませんが、日本語の分については、いずれもそのまま印刷されたと思います。

石井　それは非常に大事なことですね。

網野　この本は、池明観さんのおられる韓国の翰林大学の日本研究所で翻訳されて、上巻はもう、韓国語の翻訳本が出版されています。どういう結果が起こるのかわかりませんが、少なくとも拒否的ではないですね。こういう見方が双方で共通するようになれば良いと思っているのですが。

【3】倭国から日本へ――国名の転換

石井 「倭国から日本へ」ということを強調される場合、具体的にどういうところがどう変わったのかが、まだ今ひとつはっきりしないところが問題だと思うんです。「倭国から日本へ」という変化は壬申の乱をへて、天武・持統朝の飛鳥浄御原令で、決められたと。今、そういう見解が古代史学界で、有力になっているようですね。

網野 そうだと思います。

石井 吉田孝さんがそうですし、平野邦雄さんも、以前から、浄御原令だといっておられますね。

網野 そうですね。

石井 もちろん浄御原令以前に、天智の近江令の存在は認めないわけですよね。

網野 近江令は認めない立場からの主張ですね。近江令を認めた立場から岡田英弘氏が、日本の国号は、もうちょっと前にきまったといっています。岡田さんは近江令を認めるんです。

律令の制定と天皇や日本という国号は、セットになっているのです。ですから近江令を認める立場ならば、近江令に遡ることになります。しかし、近江令は、そこまできちんとしたものではないといわれていますね。逆に吉村武彦さんは大宝令で七〇一年といっています。

石井 青木和夫さんの最初の論文だったでしょうか、あの「浄御原令と古代官僚制」(一九五四)

で、体系的法典としての近江令はない、という説を学生の時に読んで、「すごいな、見事だな」と感心したことをおぼえてるんですが、やっぱり近江令否定説は強力ですよね。

網野 そうでしょうね。

それから、中国大陸の歴史書の中では、『旧唐書』が画期で、それまでは「倭国伝」だったのが、はじめて「日本伝」になるわけですからね。

石井 それは非常に大きな変化ですね。

網野 ええ。七〇二年に則天武后の国に派遣されたヤマトの使いがはじめて「日本国」の使いといったのだといわれていますが、さきほどもいったように、倭国から日本国への国号の転換は、ヤマトの支配者にとって、非常に緊張を必要としたことだと思います。小さくても帝国として、唐（国）に肩を並べようとしたことの現れですからね。だから則天武后は、使者になぜ、国名を変えたか、質問したのだと思います。旧唐書のなかには、「倭」と「日本」との関係を説明している部分があるんです。

石井 「日本国は倭国の別種なり」ですね。

網野 ええ。「倭」の字が悪いから変えたとか、いろいろ書いてあるのですが、あれは結局、倭に変えて日本と名乗ったときに、則天武后の役人から質問された使者が、どう答えて国名変更を合理化したかということなのだと思います。倭国から日本国へという転換、国名の変更は、国際的に見ると大変重大なことだったのです。

しかし当時は、天皇という称号は出てきません。それ以後に『日本書紀』が伝わったので、史書に「天皇」が出てきます。しかし外交文書には、天皇は出てないと思います。これには大きな意味があるのではないかと思います。

辻原登さんの小説の『翔べ麒麟』の中に阿部仲麻呂が出てきますが、吉備真備などの遣唐使が「日本国天皇」と書いた国書を出そうとするのに対して、それはだめだ、といって止めているんです。その通りで、「天」という字を使っている「天皇」号は、中国大陸の帝国は認めなかったと思います。しかし、「日本」という国名は、ともかく通ったので、あのときから「日本伝」になっているわけです。

だから、「倭国から日本国へ」は、国際的にも非常に重大な意味があるし、日本列島内部でいえば、律令が、どこまで広がったかということになるわけです。

そこで、東国国司の問題が出てきますね。六四五年のクーデターの後、すぐにヤマトの支配者は、東国国司を派遣しますね。東国はやはり「倭国」とは異質で、厳密な意味では、倭国の中に入っていなかったのではないでしょうか。

石井　そうすると、稲荷山辛亥銘鉄剣に出てくる杖刀人とか、市原市の古墳から出てきた王賜銘鉄剣の王とかは、ふつう、大和の大王や大王に仕える人だと解して怪しまないわけですが、それはどうなるんですか。

網野　それはどうなりますかね（笑）。

石井　『日本社会の歴史』では、〈「ゆるやかな支配服属関係」としての「氏姓制度」によって、近畿の大王による東北と南九州以外の本州・四国・九州の主要部に対する支配体制が、次第に整備・強化されていった〉と書いておられるんですよね。

網野　水田をはじめ文化の影響はあるでしょうね。

石井　だけど、杖刀人といったら、もう一種の、制度的なものですよね。

網野　少なくとも、三世紀の段階では倭人ではないですね。

石井　そうか。

網野　四世紀、五世紀に古墳が広がる過程が、倭王武の「毛人」の征服の中で起こっているのだと思いますが、いずれにしろ関東人・東北人は、征服の対象ですね。だから、もともとの社会を倭人の世界といって良いかどうか、私は疑問だと思います。東北は倭人ではないでしょう。「蝦夷」ですからね。関東は東北とヤマトの両方の緩衝地帯ではないでしょうか。

石井　どうかなあ。その征服戦争は何世紀ぐらいの話なんですか。

網野　ふつう四、五世紀といわれていますよね。

石井　そうですよね。東国には倭の五王時代、倭王が直接支配した人民と思われる孔王部とか、王の名代に当たる、なんとか部というようなのがたくさんできます。それはほぼ五世紀終わりまでと考えてますよね。

網野　ええ。

石井　そうなると、稲荷山鉄剣やなんかも、だいたい同じ時期になるけれども、そういうような、それまでの支配と倭国が日本国となってから後の東国支配とが、どう違うのか、ここの問題がまだ一つすっきりしないのですね。

網野　いまはじめて、はっきりいったこともありますけれどもね（笑）。

でも、お話をうかがって、網野説が非常にはっきりしてきたと思います。

【4】律令国家の成立

石井　さあ、早く本にしなければ、ということですね（笑）。結局、倭国から日本への変化とは、律令国家の成立と同義というお考えになるわけですね。

網野　そうだと思います。

石井　そうでないと、話が合わなくなる。

網野　ええ。

石井　ところで浄御原令以前に、もうすでに東国も支配下に入っていたことは事実だろうと思うんですね。

網野　倭国のですね。

石井　ええ。そういう場合、どういうふうに、そこが違ってきたのかということが知りたいわけ。

つまり倭国から日本へという国号の変化は、中国との関係や、国際的に非常に大きな問題だということはよくわかるんです。ただ国内的にいえば、両方とも、大和言葉で読めば、ヤマトという点では違いがないわけで、そこで、いったいどのような大きな変化が、どれぐらい内部であったんだろうかと。ということは浄御原令前と後の違いを、もっとはっきり知りたいというようなことになるわけですね。

網野　その辺は私もわかりませんが、ただ先ほどからいっているように、わざわざ東国国司を派遣して、クーデターのあったことを通告して、新しい体制のできたことを明らかにしていますね。

石井　網野さんのご本を読んでも、倭国から日本へということとの国内的な違いというのが、どうもまだはっきり出ていないという気がするんです。

網野　非常に重大なのは、国郡制ですね。国と郡の制度が貫徹することが、問題のポイントでしょうね。陸奥ができて、東北南部まで、一応国ができますね。

石井　それまではなかったんですか?

網野　できたころの陸奥は東北の南のほうだけですね。一度、磐城、磐代になるけれどもまた陸奥になるのは、八世紀に入ってからですね。しかも、国府は、最初、福島の辺で、東北の侵略の進行にともなって、だんだん北に移ります。出羽のできるのは八世紀の半ばごろで、多賀城が国府になるのもそのころですね。九州南部に、大隅、薩摩のできるのも、八世紀に入ってからです。

そういうふうに、日本国の内部に入ると、国郡制が行われるようになるということですね。

石井　国郡制といえば、郡の制度は、「浄御原令」では「評」の字を使っていて、大宝令で「郡」となったんですね。「評」から「郡」へという場合でも、両方とも訓は「こおり」だということで、これは、日本と倭、両方ともヤマトという読みだということに近いんですよね。

だから、倭から日本へと、評から郡へと、両方とも似ていて、訓が同じという点が共通しているというところも、その間の変化というものが、それほど大きくなかったのではないかという気もしますね。

網野　日本という国名が決まってからとそれ以前とでは違うのではないでしょうか。『日本書紀』は、まさしく日本の成立をテーマにしたといわれていますね。『古事記』には日本という言葉はまったく出てこない、全部、倭でしょう。

石井　それはわかります。

網野　六国史も、全部、日本を書名にしていますね。六国史の編纂自体、対外的な意味があると思うんです。『日本書紀』は中国大陸に渡っているから、中国大陸の正史の中では、日本の天皇の名前を並べていますね。日本という国号を名乗ったこと自体、中国大陸の帝国に対する、強烈な自意識の強調があると考えられます。律令を作ったということもその基点になっているでしょうね。

石井　朝鮮三国では律令は成立しなかった、多分、中国との関係が強すぎて、それでつくれないんですね。

網野　そうだと思います。しかも日本の律令は田地を基礎にして、税制や土地制度を定めているわけで、これは大変なことをやったといえます。それは間違いないことでしょう。

石井　なんで、それができたかな、不思議ですねえ。

網野　それは非常に興味深い問題ですね。たしかにこれは海のおかげかもしれませんよ。

笠松宏至さんが、よく、海はこわいので、アメリカの最新鋭の第七艦隊ですら、台風によって大被害を受けるくらいだから、海で物を運ぶことなど、危なくてできない、というのですが、たしかに大軍が、ある期間内に急いで渡る道としては、海は非常に危険を伴います。確かに気候は不安定ですからね。

石井　それは蒙古襲来ですね。

網野　その通りです。秀吉の侵略も失敗しますね。

ところが、宮田登さんのいうように、急がないで十分に日和見をして、天気の良いときに船出すれば、簡単に渡れます。大変に快適な旅ができますね。だから長い時間をかければ、モノも人もたくさん渡れるわけです。しかし、海の軍勢の渡海を妨げる作用があって、外部からの脅威が直ちには影響してこないところがあります。これは朝鮮半島と違うところで、そういうことが、「日本」として自立するためのプラス要因になっていることは確かだと思います。

だから、日本国は海を障壁として考えているので、交通路とは見ていません。だから国内でも、陸の交通路、七道を中心にしたわけです。またいわゆる朝鮮式山城を設けて、海を国境にして警備するわけでしょう。そういう意味では強い対抗意識を朝鮮半島に対して持った国家ですね。それがまた明治に復活することになります。
私は日本人というのは、日本国の国制の下にいる人という意味でしか使いません。それ以上でも以下でもないはずです。だから、倭国の国制の下にいる人間はやはり、倭人ですね。ただ、倭人の場合は倭国とは、ずれると思いますね。

石井 倭国というのは、別れて百余国というふうに……。

網野 あれは倭人でしょう。

石井 ああ、そうだったか。例の後漢の光武帝の金印だけが「倭奴国王」で、その後、生口百六十人を後漢に献上した倭国王師升が最初の倭国王でしたね。

網野 それからあとは、卑弥呼もそうだし、五世紀も倭王ですね。五世紀の倭国は、倭王武のいうように各地に征服を始めています。西に衆夷《しゅうい》と、東に毛人を征服しており、海北をどう考えたらよいかが大きな問題ですが、朝鮮半島南部とも関わりがあるわけですね。いまの古代史家は、その辺をどう考えているのでしょうか。
それはともかく倭人と倭国は、区別したほうがいいですね。

石井 まず倭人、そして倭国ですね。倭国と邪馬台国、狗奴国との関係はどうなるんですか。

網野 狗奴国は倭国ではないでしょう。

石井 狗奴国は倭人ではないの?

網野 少なくとも倭国の支配下には入っていないです。

石井　じゃあ何人なんでしょう？

網野　さて、毛人なのか、倭人で倭国の支配下には入っていない人かわかりません。毛人は倭人ではないでしょう。われわれは毛人なんです、関東人の多くは毛人です。

石井　じゃあ、私は半分が毛人、半毛人なんだ（笑）。

網野　ははははは。毛人と倭人とははっきり区別されていたと思います。

韓国に行くと「倭寇・壬辰倭乱・日帝三六年」といわれて、日本人の「悪事」を糾弾されます。私は、日帝三六年と壬辰倭乱は文句なく頭を下げるけれども、「倭寇」は、あなた方も一緒にやったことだから、頭を下げるわけにはいかない、といいました。日本国は倭寇に援助をするどころか、弾圧していたのだし、「倭人」は日本人と同じではないといったのです。関東・東北人は倭寇とは関係していないでしょう。それを日本人がやったというのは、歴史認識の間違いだといったのです（笑）。

現在の中国でもそういう見方をしていますが、これもおかしいですね。

【5】倭人・毛人・日本人

石井　日本という国号の成立、律令の成立と連動して『日本書紀』が書かれて、そこで「日本」の建国神話ができたことは確実でしょうね。

網野　間違いないでしょうね。

それが、神の子孫だという、天皇のもうひとつの顔ですね。これは中国大陸の皇帝・天子にはない見方です。これが「未開」の一面といえるかもしれません。そういう「未開」の要素は、日本列島の社会の王権を維持するためには必要なのです。「天」の思想だけでは抽象的すぎるので、もっと具体的で、高天原のような神々の世界を背景にする必要があったのだと思います。プリミティブな自然と深く結びついた神々の世界とつながりを持たないと、王権が維持できないという条件があったといえるかもしれません。

石井　それはそのとおりだと思います。

律令とか、ある意味では枠組みといいますか、そういうようなものを、とにかくつくることが先決で、ある程度、時間が経たないと新撰姓氏録のような、細かい、個々の確定まではいかないんじゃないですかねえ。と、加藤典洋さんの『可能性としての戦後以後』（岩波書店一九九九）をちょっと読みながら、私は思ったんですけれども。

それにしても評論家の人というのはさすがにすごいと思いましたね。書き方もうまいし、問題点のようなものを分別していくでしょ。それは、網野さん、無手勝流ではないですよね（笑）。

網野　ははははは。それは、私などの及ぶところではないですね（笑）。

ただこれまでの日本人論には、最初から日本人に対する思い入れがいろいろあって、その思い入れによって、いろいろな捉え方になってると思います。無理矢理「日本人とは何か」を問題にしている感じすらするくらいです。

私は単純に、日本国ができてから、日本国の国制の下に入った人を日本人ということで良いと思います。それは日本人意識とは関係ないことで、日本人論は、そこからしか始まらないんじゃないかと思うんですよ。

しかし、その上で「日本人意識」がいつごろからどのようにして形成されてきたかは、「日本人論」とは全然別の問題として、非常におもしろい問題だと思いますね。

『新撰姓氏録』の問題も、日本人意識の形成過程に関連して重要な意味があるということは、わかります。吉田孝さんは、「日本人意識」を重要視されるわけで、律令が、いつ日本に、ほんとうに根付いたかが問題だということですね。

石井 それは裏表の問題になりますね。

網野 ええ。「日本」が根づくのと全く同じ問題です。

石井 律令ができたということと、どこまで根付いたかということはべつの問題ですね、たしかに。

網野 そうです。

石井 だから、網野さんがいっているのは非常に単純な話なんだということですね。

網野 その通りです。私は頭が単純なので、そうした単純なことしかいいません。

石井 『「日本人」の成立』（岩波書店一九九九）では、網野さんのことも言及してましたね。

網野　なにか、いわれてますよね。

石井　「名高い網野氏の日本人フィクション説が現れた」とありますね。それは、網野さん、何かいっておかないといけないんじゃないの？

網野　「フィクション」などといったことは一度もないですよ。「縄文時代の日本人」など存在しないといったことがフィクション説になるのでしょうかね。やはり弥生時代や古墳時代に「日本人」がいたといいたいので、私のいったことを無理矢理フィクション説にしてしまうのではないでしょうか。私は単純なことしかいっていないのですよ。

石井　ええ。ごく素朴なんですね、網野さんは。

網野　はい。その通りです。律令ができて、日本という国号と天皇という称号が、公式に決まってから、以後、日本国の支配下に入ってる人たちを、なんと呼ぶかといえば、それは、日本人というほかないだろうということ、それだけのことですよ。ただ、その日本人が均質、単一だなどというのは、まったくのフィクションだということですね。

石井　それ以前は、倭人としか呼びようがないと。

網野　ええ。それと毛人ですかね。倭人と毛人、「蝦夷」それに「隼人」もいることになりますかね。

石井　でも、倭国の支配下に組み入れられた毛人もたくさんいたと思うけど、それは、どっちなの？

網野　さて、どうでしょうか。
石井　だから、非常に単純で、高級なことはいっていないと（笑）。
網野　はははは。それは全くその通りだと思います。
しかし、倭国の支配下に入った毛人をなんというか、やはり問題ですね。倭国の国制は、日本国のように硬いものではないし、一種の柔らかい連合体といわれていますから、倭国の中の毛人ということになるでしょうね。
石井　そうなると、網野さんは非常に単純な話だとおっしゃったけれども、意識の問題というのが、やっぱりあるんじゃないの？
網野　それは当然ありますね。ただ国の制度の問題があって。日本国の制度、律令は非常に硬質な制度ですから、やはりその国制の下に入れば、毛人も否応なしに「日本人」になりますね。ただ、中世になって、日本の枠がゆるやかになり制度が軟かくなると、この点もかなり変わってくると思います。例えば中国大陸の元号を使う人が若狭に出てきますからね。
だから、日本人意識の問題は、それとしても、きちんとやらなくてはいけないと思います。「日本人」になった「毛人」の「日本国」意識と、ヤマトの倭人の「日本国意識」とでは大変違うと思います。その違いもはっきりとしておかなくてはいけないと思います。日本国という意識は起請文の神文などからみて、平安末期ころにはかなり社会に浸透していると思いますね。だから国の名前を変えようとしないでしょう。

石井　いつの話ですか。

網野　たとえば将門。頼朝も変えませんね。武蔵、相模などの国の名前を変えようとした動きは、いまのところないですね。それが日本という国の名前に、連動するわけで、日本国という国の名前も変らないことになります。

石井　たしかにその通りですね。

第七章 農本主義と重商主義

【1】合議と専制

石井　『日本社会の歴史』では、もう十三世紀、鎌倉時代の半ばくらいから重商主義とか農本主義とかいう術語を使っておられますね。

網野　『蒙古襲来』のような短い時代を対象に書くのでしたら、いろいろなことを、間に感想をまじえて具体的に書くことができますから、「二つの世界」のように漠然とした表現ですみ、とくに概念化しなくてもよかったのですけれども、『日本社会の歴史』のような通史では、端的に通用しやすい概念で表現しなくてはならないと思いました。だから抵抗のあるのは十分に覚悟して、「重商主義」や「農本主義」のような言葉をあえてつかったのです。

もちろん「重商主義」という言葉は商業を重んずるという意味だけでつかったので、けして西欧のマーカンティリズムと同じとか、それを意識していおうと思ったのではないのですが、良い言葉がないのです。「商本主義」などといってもとおりませんからね。

石井　今まで、重商主義と農本主義というと、網野さんのような形で日本史の全体を貫く術語としては出てこなかったわけですよね。

網野　中世後期以降の両者の矛盾についても、これまではあまり議論されなかったと思います。

石井　こういうことをいうと怒られそうだけれども、やはり出るべくして出たともうしますか。

一九六〇年代以後、七〇年代ぐらいからの、現代日本社会の大きな変化に伴って、網野さんのように重商主義的な立場というものを歴史上、あとづけてみようというような見方も出てくるようになったんじゃないでしょうか。

網野 それはそうかもしれませんね。

石井 そういう点では非常に新鮮ですね。安達泰盛《あだちやすもり》や足利直義が農本主義で、高師直が重商主義、これはなかなかおもしろいですね。

網野 おもしろいと思いますよ。

石井 こういう見方をもっと全体的に、もっとあとまで通して見ていったら、どうなるんでしょう。

網野 非常に重要な問題だと思います。江戸時代を通じて、この見方で通せると思います。三大改革は大体、農本主義で、元禄とか文化文政は重商主義という具合にね。しかしとくに大変興味深いのは農本主義のときは「合議」なんですよ。重商主義のときは「専制」なんです。佐藤進一さんのおっしゃっている「合議」と「専制」がこういう形にもなるのです。

これは、封建制、封建社会とは何かということとも大いに関わりがあるわけで、農本主義的な方向でいくとね、まさしく封建制、これまでの捉え方の方向で一応処理がつくわけです。今まで、基本的には、それでやっていたんですね。だから、重商主義は評判が非常に悪いわけです。つまり当然ですが政治の側面では「専制」は評判が悪いのです。

石井 ほんとに評判、悪いですよ、専制というのは。

網野　それを裏返していうと、商業・金融が評判が悪いということなんですね。ところが、そうした流通・商業・金融が近世はもちろん中世社会の実態の中でも、非常に大きな意味があることがわかってきたのです。

「専制」といういい方をするとマイナス評価になりますけれども、なぜ、専制的といわれるような体制をとらざるを得ないかが問題なのだと思います。広域的な道や、海や川を押さえようとすると、所領を持っている者たちが合議をしているような体制では処理がつかない問題が出てくるのだと思います。

石井　そうなんですかねえ。ようするに、なぜフューダリズム、封建制か、交通、通信手段、その他の未発達な時代に、非常に大きな国家をまとめていくためにはある程度ずつ分けて、切って、やっていくよりしょうがないからフューダリズムになるんだという説明の仕方がありますね。

網野　そうですね。

石井　それと、合議か専制かという問題とは必ずしも直結しないということですかねえ。

網野　もちろん重なってくる部分はあると思いますよ。

　しかし、広域的な交通手段・流通を押さえるということになると、分権的なやり方では処理がつかないのでしょうね。そういう流通・商業に携わる勢力に依存しようとすると、分権的な勢力、領主を抑えつけていかなければならないことが出てくるのだと思います。その辺を、これから、本気になって考えてみたいと思っているんです。

石井　重商主義と絶対主義とは、どう関係するんですか。

網野　まさしくその問題ですよ。

重商主義はまさしく分権的な領主をおさえる方向、つまりいわゆる「絶対主義」的な体制になっているのです。しかし、これまでは絶対主義は封建制の最終段階といわれてきたわけですが、これをどう考えたらよいのかをまとめて考えた上で、あらためて「封建制度とは何か」をもう一度考えたいと思っているわけです。

石井　網野さんの処女作ですか（笑）。原点に返ると。

網野　処女作ではありませんが、そういう題名の愚かしい論文を若いころ書いたものですから……、原点に返るどころじゃないですよ。あんなものをどうしたら抹殺できるかということですね（笑）。

しかし、これまでの歴史家たちは、本気で、江戸幕府を、専制的封建制度などといっていたわけですね。そこまでいわなくても、幕藩体制はむしろ純粋な封建社会と説明されていて、「絶対主義」などといっただけでも、今までは異端扱いですよね。

石井　そうですねえ。

網野　最近は、だいぶ変わってきたと思いますけれども。

石井　私はよく知らないんですけどね。

網野　服部之総さんが、かつて、織豊時代を「初期絶対主義」といわれたことがありますが、これも大変たたかれましたね。

石井　時代的に見て、スペインは絶対主義、そのスペインが、こちらにどんどん出てきて、それと張り合うんだから、織豊政権も、徳川幕府も初期絶対主義だと。それは確かに、そういわれれば……。

網野　そういう要素は間違いなくあります。源流を辿っていくと、それは得宗《とくそう》専制までは遡れると思います。

石井　だから、得宗専制反対で、安達泰盛を一生懸命、美化したくなるわけですね。

網野　そういうことです。

私は泰盛を美化する心情もおおいにもっているのですが、泰盛と得宗のどちらが善で、どちらが悪とはけっしていっていないし、それは歴史研究者としてはいうべきことではありません。

石井　私は自分のことをいっているので、私は美化したいと考えていますので（笑）。

網野　ははは。仰せのとおりで、どちらに親近感を持つかといえば、私も、体質的には農本主義に親近感を持つほうです、実際はね。だから、安達泰盛を誉めあげて、大分叱られているじゃないですか。

石井　わかりますよ。でも、あれは、もっと誉めあげるべきだと（笑）。もっと誉めあげたいと私は思っておりますけれども。

網野　最近出た『仙台市史』特別編5の板碑の資料集を見られましたか。

石井　私も見ました。
網野　それに大石直正さんが書いていますね。
石井　仙台城の中にある板碑ですか。
網野　青葉山にある弘安十年（一二八七）の板碑に「禅定比丘陸奥州主」とあるのは、安達泰盛ではないかとする七海雅人さんの意見を紹介していますね。泰盛は陸奥守になるわけです。これは北条氏がしばしばなっている受領の官途ですから、そのこと自身が非常に大きな意味があるんだけれども。
石井　だから、『有隣』（石井・浅見和彦・福島金治「安達泰盛と霜月騒動」『同誌』三六七号、一九九八）の座談会で福島さんがチャンといってるじゃないですか、「北条氏を追い越した男」だって。

【2】商業用語は在来語、経済用語は翻訳語

網野　ほんとうに、そうだと思います。
　また、さきほどの問題に戻りますが、重商主義と農本主義の問題は、やはりかなり重大な問題だと思いますよ。
石井　そうなると、現在の日本の政治の混迷は、結局、重商主義的な国際環境の中では、農本主義的な、合議主義や根回し的なものでやってられなくなっているのに、日本の政治構造が基本的

に全然変わっていないと、そういう事態としても解説ができますね。

網野　そういう問題にもなるかもしれませんね。

しかし、重商主義的力量は非常に古くから日本の社会に蓄積されていますから、商業取引関係の用語はいまでも全部江戸以前の言葉でしょう。

石井　これは、ほんとにおもしろいですね。この点については経済界から反応があってもいいと思うな。

網野　経済界からは反応がありましたよ。みな、あ、そういえばそうだって、驚くんです（笑）。資本は元手、価値は値打、労賃は給金という翻訳をなぜしてくれなかったかともいえるのですね。「資本論」を「元手論」と訳したら、マルクス主義は、もっと日本の社会に根を下ろしたに相違ないといったら、みな、ゲラゲラ笑ってましたけどね。

石井　『ナニワ資本論』の青木雄二さんに、それを、今からやり直してもらったらどうでしょう（笑）。

網野　それはいいですね（笑）。

しかし、そこのところは非常に重要な点なのだと思います。

石井　株式だって、株も、式（職）も、両方とも中世以来の言葉であることは間違いないのでねえ。

網野　ええ、その通りです。手形、切手、為替、全部古い言葉でしょう。株の方の寄付《よりつき》や大引《おおびけ》もそうだし、第一、「相場」からして古い言葉です。「寄付」は海からの寄物、「大引」は引潮だとすると海の香りがこうした商業用語にもありますね。最近話題の、「飛ばし」も「談合」も古くから使われていますね。

現在の商業用語はすべて、在来語で通用しているということは、江戸の商業流通システムが十分に発達していたから、とくに翻訳語を使う必要もなく欧米の商取引とすぐに結びつけたということでしょうね。それだけ高度の経済社会だったから、翻訳語はいらなかったのです。ところが経済学の方は、また全部、翻訳語でしょう。この対照は実に鮮やかですよ。

石井　まったくそうですねえ。

網野　しかしこうした翻訳語があったから漢字社会に通用したのでしょうね。社会主義、共産主義という用語は日本の翻訳語だと思うのですが、それが中国でも使われているんです。共産主義の本場の中国でこうした言葉が使われているとすると面白いことです。「資本主義」だってそうでしょう。そういう意味で、翻訳語は国際性を持っていることは確かだけれども、日本の社会の中では、ふつうの庶民生活から非常に遊離した言葉だったと思います。学問自体が欧米の方を向いていて、庶民の方に目を向けないといわれることの端的な表れともいえます。

明治以後、江戸までの伝統をもっと本気で生かす努力をしていたら、今のような学問や政治のあり方も変わっていたかもしれないですね。

石井　福田徳三とか、坂西由蔵とか、ああいう優秀な経済史家といわれる人たちが、なぜ、そういう方向をとらなかったかと。

網野　そうですね。中田薫さんが戯作者になろうとしたほどに江戸文学に通じていたことは、亡くなった平松義郎さんからうかがいましたが、明治時代にはいろいろな模索が行われていたはずなんです。そういう角度からの史学史を考えてみたいなと考えるのです。これはおもしろいと思いますよ。

石井　じゃ、やることがいっぱいあって、本なんか書いてる暇、ないじゃないですか。

網野　ははははは、その通りなんですよ。

石井　いや、それは冗談ですけれどもね（笑）。

今、網野さんのおっしゃった農本主義と重商主義の、合議と専制……。

網野　佐藤進一さんのいわれる合議と専制が見事にそれにあてはまるわけです。

石井　はまりますね。

網野　佐藤さんもそうですが、私ももちろん合議のほうに親近感を持つわけです。

石井　それが戦後民主主義なんですよ。

網野　そうかもしれませんし、戦前からの農本主義の影響があるのかもしれないですね。しかしこれを一度、突き放して考えてみて、社会秩序、政治体制としての重商主義、商業、貿易、金融の重視と、専制といわれている政治体制と、農業、田畠を支配する領主たちの合議の体制、農本主義の秩序と政治体制を、それぞれにどうしてそういうことになるかを徹底的に考える必要があります。それにやはり佐藤さんの明らかにされた主従制と統治権の問題も確実に関わってきますし、天皇の問題も絡んでくると思います。こういう問題を視野に入れて、日本社会はもちろん世界の人類社会のあり方を、理論的問題も含めて、きちんと考える必要があります。アジア的、奴隷制、封建制、資本制では、もはや通りませんね。実際『日本社会の歴史』では「奴隷制」という用語は一回も使っていません。「アジア的」も、ひと言もいいませんでした。こういう概念はもう一度徹底的に再考しなければ駄目だと思います。最終章でそういうことを書いておきましたけれども。これはあちこちから叱られるところでしょうがね。

石井 叱られるかどうかという問題ではなくて、「社会の歴史」をどうイメージするかにかかわることですけど、社会のあり方を示すようなそういう大きな概念が全部外されてしまって、かわりにあるのがかなり細かい政治史的な叙述だけだということになると、やっぱりねえ、それは気になりますよ。

網野 そうならないように努力はしたつもりで、農本主義と重商主義もその試みのひとつですし、いちおう、自然と人間の関係に即した区分、文明史的な転換期はあげておきました。六、七世紀や十四、五世紀の転換期ぐらいのことは二〇世紀後半の大転換を視野に入れて書いておきました。

石井 最後になると出てくるんだけれども……。

網野 中巻の方にも少しは書いてありますよ。

石井 だからね、『読売新聞』の書評で、下巻の最後から読みなさいとちゃんと書いておきましたよ。

網野　あれは正解ですね。

石井　そのへんが、読者としては、なんとなくほしくなるところなんですけれど、それは、まさに、これから真剣になって研究すべき課題だとは思うんです。

網野　そうですね。ただ「重商主義」などというだけでも大変に勇気がいったのですよ。

石井　そういう術語をつくるということは、実際の史実と多少離れても大きな像を書くという目的を優先させる場合もあると思いますし、とにかく大変なことですよね。

網野　あり得るでしょうね。

石井　とりあえずそのへんのところで、どういう学術用語を今後、出していただけるかを期待したいというところで……（笑）。

【3】南北朝は貨幣の世界

石井　それで、重商主義と農本主義にもどりまして、これは、もうちょっと、鎌倉時代から中世を通じて、重商主義と農本主義という二つの流れが、どういうような形で推移してきたかということは、どうなんでしょうか。

網野　鎌倉後期から作用していると思いますからね。端的にいって、しばしばいいますが、得宗は重商主義、安達泰盛は農本主義ですね。

石井　それは大賛成ですけどね。
ただ重商主義というためには、商業が相当程度、発展していなければいけないでしょうけど、もし、古く倭人の世界から、交易、商業は常に付き物であったということになると、いつでも重商主義があっていいというか、なければ困るということにならないですか。

網野　巨視的には「人類の歴史とともに商業は古い」といえるわけですから、潜在的にはそういえるでしょうけれども、銭貨の流通が一般的になり、市場で相場が立つような状況、それだけある範囲で流通が安定しており、為替が流通するような状況と、まだ現物貨幣の絹・布や米が流通している段階とでは、やはり大きく変わってくると思います。
とくに計量貨幣が、銭の形で流通しはじめると、銭は、それ自体、使用価値はないわけですから、富に対する欲望が無限に広がりうるわけで、その段階で、決定的に変わってくると思います。

石井　大きくいうと、画期はいつごろでしょうか。

網野　十三世紀の後半からでしょうね。
実際、銭の流通は十三世紀前半から本格的になり、後半になると、西国まで含めてすべて銭の世界になります。しかし西国はなかなかならないですね。

石井　どうしてでしょう。

網野　米の流通手段としての機能が根強く作用していますね。これが西国の特質と関係します。東国の方が早く銭が流通します。十三世紀前半には銭になっているのではないかと思います。例えば伊勢は非常に早いですね。

石井　どうして、東はそんなに急に貨幣が流通するんだろうか。

網野　米ではなくて、絹、布が流通していたのでしょうけれどね。絹や布の方が米よりも流通手段として機能しにくかったのかもしれませんね。

石井　それは、宋銭の輸入という話になるんだけれども、輸入する理由というのは……。

網野　当然、それが流通する条件ができているから輸入するわけですね。

石井　あるはずですよね。

それから、東洋史の研究者からは、日本だけを孤立させて考えるべきでないという議論が、当然、出てくるでしょうね。

網野　そうでしょうね。

石井　より広い世界との関係、これは倭人の世界というようなものとも関わってくるわけなんですがねえ。そのへんのところは、今まで、あまり明らかになってないですね。

網野　これからの研究課題でしょうね。

石井　それで、北方世界はどうなんでしょう。やっぱり貨幣なんでしょうか。

網野　さて、どうでしょう。東北には、かなり早くから銭が入っています。

石井　それより北の世界はどうなのか……。

網野　そのへんは、文献ではなんともわからない……。考古学の発掘を待つしかないでしょう。

石井　大変興味があるわけですね。

網野　大いに興味ありますね。

石井　北のほうはやたらに貨幣が多く出てくるんです。

網野　ええ。

石井　函館の近くの志海苔《しのり》から今までのところではもっとも大量の銭が出てくるわけですが、あれは、なんで、北方世界との接点のところからあれだけ出てくるのか。ひょっとして北方世界は物々交換なので、あそこに大量の貨幣がたまってしまうのかな、とも考えるんですけど。それと十二世紀の末ぐらいから宋銭が流入してくるわけですけれども、なぜ、流入してくるのか、これも知りたいことですね。それを前提にして、十三の……。

網野　十三世紀の後半でしょうね。

石井　そこがちょうど蒙古襲来と絡むわけで、なぜ、蒙古襲来なのかと。

網野　これが大問題です。

石井　というのは、なぜ、元が攻めてきたかというと、南宋を攻めるためには、南宋のバックにいる日本をやっつけなきゃいかんということでしょ、結局。搦め手から南宋を攻めようという発想だと考えれば、もうすでに一種の経済圏が成立していたことになるのでしょうね。

網野　そうでしょうね。

石井　それは倭人の世界の……、それが生きてるのかな。

網野　村井章介さんの本のように「中世倭人伝」という話もあって、西の方には東シナ海、日本海を舞台とした経済圏があったことは間違いないと思いますが。私が知りたいのは北のほうですね。アムール川まで入ったアイヌを追いかけて、モンゴルがサハリンに四回侵入したという事実がありますね。

石井　北からの蒙古襲来ですね。

網野　そういわれていますね。そこまでいえるのかという議論もあるようですが。

それから、日持《にちじ》という日蓮の弟子は、ほんとうに北回りで大陸に渡っていますね。中国東北に近く、北京の西北の宣化という町で、ある古寺の塔の地下から日持の遺品が出てきたのです。麝香鹿の皮で表装された日蓮の肖像やお題目とか、日本の永仁の年号と元の年号を合わせて書いた日持の詩とか、いろいろな物がありました。前嶋信次さんが、これを研究されて論文を書かれ、後に一冊の本にもなりました（『日持上人の大陸渡航』誠文堂新光社一九八三）が、前嶋さんは日持の遺品に間違いないとされています。その後、身延山久遠寺に全部、寄付されました。久遠寺ではそれを展示していました。たまたま最近私も見ましたけれども、いいものではないかと思います。図録も出ています。これまで日持については伝説だといわれていたけれども、事実だったわけで、北から大陸に行くルートが、開けていたのだと思います。日蓮が、安藤五郎がアイヌ＝蝦夷に殺されたのを知っているというのも、不思議といえば不思議な話だけれども、北の情報がけっこう流れ込んでいると思いますね。とくに日蓮は「夷」「蝦夷」についてしきりに言及しています。

だから、西からモンゴル襲来があったときに、北条時宗は敦賀の警備をさせようとしています。若狭国の御家人に対して、対モンゴルの警備に当たるために用意せよ、という命令が出ているんですが、前から、これが不思議だったのです。しかしこの北方の話を聞いて、はたと気がついて、北方に対する警固ではないかと考えてみたら、『太平記』に、敦賀に役所を設けて警固させるという話が出てくるのです。たしかに若狭の御家人が北九州に行くはずはないんですね。とすると敦賀の警備を幕府は、本格的に考えていた可能性が十分にあります。日本海をモンゴルが渡ってくることを予想したのでしょうが、それは北方のアイヌの問題も考慮する必要があると思います。

ただ流通に関しては、北東アジアの地域での銭の流通はわかりませんね。

石井　北方世界との交易は、物々交換だけだったのかなあ。

網野　銭が動かなかったかどうか……。

石井　それはわかりませんね。

網野　北アジアの、サハリンや沿海州の発掘が進めば、何かわかるかもしれませんね。

石井　ええ、蒙古襲来や何かとセットにして考えないといけないでしょうね。

網野　そうでしょうね。

石井　十三世紀の末から十四世紀で本格的貨幣経済がはじまる。それは、さっきの話だと為替が、そのころから出てくると。

網野 相場、和市での売買がふつうになります。鎌倉末期になれば、史料の上でも、各地の市場の価格差を利用して儲けている投機的商人が出てくるので、そういうことも十分可能になるわけです。桜井英治さんの明らかにされている通り、為替・手形は東から西まで広く流通しています。

加賀国の荘園の年貢が、為替で、六浦《むつら》の称名寺に送られていますからね。京都を媒介にしているのかもしれませんが、もう日本海岸と太平洋岸の間で為替の流通が行われているのですから、大変なことだと思います。なぜ、今まで、そういうことを本気で考えてこなかったか、おかしいぐらいですね。

もちろん、その前提には、緊密で安定的な交通が展開しているので、そうでなければ、こういうことは理解できません。そしてそれは間違いなく、河海の水上交通が基本ですよ。

石井 市場間の価格差とか、そういうのを利用して巨富を積むというタイプはいつごろまであるんですか。大塚史学でいえば、前期的資本ということですね。それにはいろいろのレベルがあると思うけれども、この時期ですか。

網野 この時期は、どの程度でしょうね。

石井 そこまではいってない?

網野 いやいや、十分いっているでしょう。伊予国弓削島在の代官弁房が、道後の市庭で安い塩を買わせてこれを年貢にあてて、塩の価格の高いときに弓削島の塩を売るということをやっていますが、これは投機そのものでしょう。

石井　その中で出てくるのが重商主義的路線ですか。

網野　そうですね。だから、そうした資本・金融・商業に課税して財政を維持しようという動きが支配者の方からも出てくるわけですね。酒屋・土倉への課税はもちろんそれですし、もうひとつは、貫高ですね。貫高制は十三世紀後半から始まると思います。

石井　どのへんから始まるんですか。

網野　佐藤進一さんがいっておられるけれども、周知の『政連諫草《まさつらかんそう》』は中原政連の書いたもののようですけれども、あの中で、それぞれの御家人の所領を何貫文と評価しているのです。そう指摘されてみると、いろいろなケースが見えてくるのです。

後醍醐の政治でも、地頭の所領の所出を銭で換算して、貫高に対して二〇分の一の課税をしています。

石井　そうですね。

網野　所領が貫高で計算されていなければ、あのような課税の仕方はできないですよ。しかも、それを「御倉」に納めている、つまり土倉に入れているわけです。だから、後醍醐の政策は基本的には重商主義的ですね。そういう政策は北条泰時の時代の政策とは、かなり異質なものがあると思います。

石井　それが室町幕府の中心になっていくわけですね。

網野　ということでしょうね。後醍醐がやろうとしてできなかったことを義満が完成したということです。だから、社会全体に都市が簇生するということにもなるわけです。

石井　都市が簇生するところで、被差別部落の前身というか……。

網野　はっきり現れてきますね。

【4】鎌倉新仏教とのかかわり

石井　この問題はいろいろなところ、宗教問題にも絡んできますよね。

網野　鎌倉仏教は、都市民の宗教といいきってしまっても良いと思います。一遍は都市や都市的な場所で布教をしていますね。市とか寺社の門前とか、道などで、こうしたやり方をしなければ、六十万人に札を賦ることなど到底できませんからね。そうした目標を一遍がたてたこと自体、都市、人の集中する場所が社会に広く形成されていたからでしょう。日蓮も辻説法をやるわけです。人の集まるところで布教をするというやり方は、鎌倉仏教のどの宗派にもありますから。

石井　でも、そんなことをいったら、浄土教こそ、市民の……。

網野　浄土教から始まるでしょうね。

石井　法然ですね。

網野　もっと前の空也でも同じです。「市の聖」ですから都市型の宗教は空也が源流だと思います。

石井　みんな、そこへつながっていきますか。

網野　鎌倉仏教は、本格的に信徒の集団、教団を形成するわけですね。それぞれの宗派が教団として、ひとつの組織を保ち得ることを目標としています。法然の時期から、浄土宗はそうなっているといえますけれども、鎌倉仏教の教団が大きな勢力になっていくのは、やっぱり十四世紀以後ではないでしょうか。だから私は、鎌倉仏教は基本的に都市民の宗教だと思います。

石井　それは、重商主義ですか。

網野　重商主義とまでいえるかどうかはわかりませんですけれども……。

石井　ここにはあまり関係してこないですか。

網野　いやいや、関わりはありますよ。「本福寺跡書」には、「田作リホドオモイテハナシ」とありますし、飢饉のときには商人こそ助かるのだといっていますね。こんな感覚は、少なくとも農本主義ではないですよ。

石井　中世には農本主義なんていうのはなかったんですか。

網野　そんなことはないでしょう。それは、農業は農業ですよ（笑）。やはり田畠に課税していますからね。結局、石高制になっていくのも、農本主義そのものではないにしても、建前では、やはり農本主義ですね。

石井　貫高制から石高制へ、ですか。

網野　建前としての「農本主義」が表面に出てきたということでしょう。

石井　石高制というのは誰から始まるの？

網野　西の戦国大名は石高制ですね。毛利氏は石高と貫高、両方じゃないでしょうか。西には、石高が多いようです。

だから、それが秀吉によって全国の制度にされたのですが、やはり石高を基準にして年貢を取るという方式は、イデオロギーとしての農本主義に立っていますね。

石井　それは秀吉ですか。

網野　秀吉から始まりますが、江戸時代に、いよいよ儒教が本格的に入ってきて、律令以来の農本主義が徹底するということになるのではないですか。

石井　これで、全部、話がつながってきましたね（笑）。だから、江戸時代が律令制の一種の完成であるという見方が成り立たないでもないと。

網野　そう思いますよ。

イデオロギーの上での農本主義は強烈ですからね。

石井　だから、歴史は知識人がつくるんだね、と誰かがいってましたよね。

そうなると、一番最後は、これは、明治国家ですよ。

網野　それがおもしろいんですけどね（笑）。「士農工商」の江戸時代という、全くの虚構をつくり出したのは間違いなく明治政府だと思います。

第八章
差別・被差別はどこからくるか

【1】東と西の差異

網野 赤坂憲雄さんは被差別部落は、東北にはないといっておられます。まったくないわけはないと思いますけれども、たしかに少ないでしょうね。

石井 私たちの編集した『中世の風景を読む』（新人物往来社一九九五）の第一巻「蝦夷の世界と北方交易」で、それを書いてくださいましたね。

網野 しかし、この問題は東と西では、驚くべき違いがあります。西日本では、幼児のころから、あそこの住人とは口をきくなとか、逆に話もしてくれなかったという話があります。物心つかない子どものときから、差別・被差別の経験があったと聞きます。

ところが山梨出身で、東京育ちの私は、祖父母や親からそういう話を聞いたことは全くないし、経験もないのです。『破戒』を読んで、祖母に聞いた記憶がありますが、祖母もあまり明確ではありませんでした。もちろん被差別部落は、山梨にもありますし、東京にもあるのですが、日常生活にまでは影響が少ないですね。それだけの大きな差異が、東と西にはあるんです。とくに東北は確かに少ないです。

石井 それはそうだと思いますね。

網野 石母田正さんが亡くなる少し前に、勝俣鎮夫さんと二人でお宅にお訪ねしたときに、「やはり東北にも部落はあるんだね」と大変に驚いたように、私にいっておられました。そしてインドとの比較の必要を強調しておられました。いかにも石母田さんらしいと思ったのですが、奥様から聞かれたのだそうです。しかし、東北は確かにそういう感じですよ。関東でも、埼玉、群馬、茨城には少し被差別部落が多いけれども、かなりの範囲で、同じような傾向だと思います。

石井　ですから、部落史の研究でも、東日本について西の理論を持ってきて割り切ったのではどうにもならん、という方は多くなったと思うんですが、では、東日本における被差別部落の発生の問題を、どう考えるか、そこのところで今、非常にいろいろ考えておられると。

網野　その通りです。

石井　そこが非常に問題なんですね。

網野　名称も地域によって違いますからね、簡単にはいえません。東の場合は、「ノモリ（野守）」とか「林守」などが差別されていますが、理由はよくわかりません。加賀、能登、越中は「藤内《とうない》」といわれていますが、これもなぜ「藤内」なのかわからないし、秋田や山形では「らく」という被差別部落があるそうです。私が『無縁・公界・楽』（平凡社一九七八）を書いたとき、金内重治郎さんが教えてくださいました。これらは、近畿、西日本の部落と似たところもあるけれども、違うところもあるようです。

石井　でも、西といっても、そんなひと色にならないんじゃないでしょうか。

網野　そうですね。「かわた」といったり、「鉢屋」「茶せん」などいろいろな呼称がありますからね。

石井 だから、それは畿内周辺と、ほかの西のほうが同じかどうかわからないですよね。

網野 瀬戸内海は「かわた」といわれていて、畿内と似ているところもありそうですけれども「茶せん」もけっこういるようですね。

しかし、西のほうがなぜ、差別がつよいのか、それが大問題なんです。現在のところ有力な説として穢れに対する感覚が東と西と違うという説があります。愛知大学の木下忠さんが書かれた『埋甕』(雄山閣出版一九八一)の中の論文で「えな」の埋め方にあきらかに地域によって違う民俗があるのだそうです。これは考古学の発掘の成果で甕の中に「えな」や幼児の死体を入れていた場合がありますね。それとも絡むのですけれども、「えな」を人のよく歩く家の戸口や辻に埋める習俗と、なるべく離れた遠いところに埋めたり、別棟の産屋の床下に深く穴を掘って埋めるなど、穢れを非常に嫌う習俗があるということなのです。木下さんは、大胆に前者を縄文人、後者を弥生人といい切っていますし、大きくみると東が前者で、西が後者であるといわれています。ただ、漁村などには、後者の習俗が強いので、いちがいに東と西とは分け切れないけれども、しかし、それは縄文と弥生には関わりがあるだろうという推測を木下さんはしています。海辺には西からの海民の移住が活発ですから、漁村については理解できます。

こうした穢れに対する忌避感が明らかに東と西では違うということはよくわかるような感じがしますね。

石井　それは、渡辺誠さんがいうような弥生的複合とか、そういうものの中に、うまく考古学的に入ってくれればおもしろいですね。

網野　そう簡単にはいえないでしょうけれども、経験的にみても、私は馬刺が好きですが、京都の人に馬刺を食べるかと聞いたら、「そんな穢らわしいものは食えん」っていっていました。そういう感覚が西のほうには明らかにあるんですよ。

石井　でも、熊本は馬刺が有名ですよ。

網野　熊本で、馬刺が食べられるのは、「牧《まき》」と関係があると思いますし、熊本には南九州の文化の影響もありますからね。馬が野獣のようにはね回っているところでは、食べても、野獣と同じで抵抗がないのでしょうね。南九州は豚を食べますから、そうしたことも関係あるかもしれません。しかし、馬を大事に、厩で家族のように育てているようなところだと、そう簡単には食べられないだろうと思いますね。この推測があたっているかどうかわかりませんが、馬刺を平気で食べている関東、信州、甲州、上州あたりは牧が発達しているし、肥後もそうですね。これが畿内の感覚と違うことは確かです。こうした感覚の違いが背景にあるのでしょうね。

石井　でしょうね。

【2】被差別部落の起源はどこからか

網野　こうした感覚を背景にして、江戸時代の前半に被差別部落が制度化されるのです。

今までは、それが被差別部落の起源といわれていたのですが、間違いなくそうではないと思います。確かに東の被差別部落はこうした江戸幕府による制度化と非常に関わりがあるのではないかと思います。城下町がつくられ、そこに西の大名が入ってきたことと関係があるのではないかといわれる事例もあります。しかし、大本には東と西の社会そのものの質の違いが、あるのではないかと私は考えています。

これからの課題だと思いますが、安良城盛昭さんも、部落の統計を出して、東と西の差異が鮮明だといっていました。そして沖縄にはないことも説明していました。江戸時代に、日本国の制度の下に入ったところには東にもあるのですが、アイヌと沖縄にはないのです。

石井　それが日本国の制度なのか、徳川幕府の制度というふうに簡単にいってしまっていいのか、ということが大きな問題ですね。

網野　そうです。徳川幕府の制度によってできたのだという「近世政治起源説」が通説で、教科書もそれに従っていますけれども、これは間違いだと思います。これは、制度の問題とは確実にずれており、社会の内部の、根の深い問題を考えなくてはならないと思います。また原田伴彦さんは、東は後進的で社会的分業が発展していないから、被差別部落はないといわれているのですが、これも明らかな誤りです。

石井　どの時期に、こういう形になったのかがまず大きな問題ですね。

網野　そうです。これまでの封建制についての議論は、主として東日本を中心にしていたと思います。将軍は王権といえると思いますが、これは世俗的な王権であり、神話的な背景を多少は持っていると思いますが、将軍が神であるなどということは考えられないわけです。将軍はそういう性格の王権ではないですね。

この点が西の王権との大きな違いです。主従関係も、東は将軍と御家人のような世俗的な主従関係が基本ですが、西は明らかに違うところがあります。神人《じにん》・供御人《くごにん》の制度は、主として西だと思います。東にも神人がいないわけではないのですが、西のように、明確に百姓と区別され、特権を保証され、職能に即して動いている神人はないと思います。神人は人の力を超えた神仏に直属している。神仏の「奴婢」、神仏の従者として、一般の平民百姓とは違う身分に位置付けられています。これは世俗の主従関係ではなく、神仏との間の主従関係、神としての天皇の従者という関係です。こういう神人・供御人のような関係ができる西の社会と、基本的にそうした制度が作動しない東の社会とは、社会の質が違うのだと思います。神人・供御人の制度は律令国家にはありませんが、贄の制度はその源流だと思います。

神人・供御人の制度は、これまでの世界史の社会構成の規定では処理できません。マルクスの規定にもないでしょうね。しかし、職能民と神が結びついている地域が、明らかに世界にはあるのです、アフリカや、南米に。

石井　インドはどうですか。

網野　インドは可能性がありますね。博打や遊女が宮廷に直属しているという話を聞いたことがありますし、賤民の問題もこれと関係ありそうですからね。しかし儒教におおわれている中国大陸の帝国にはないのではないでしょうか。

日本の律令も儒教が基本ですから、こういう制度は公的には出てきません。

こういう人の力をこえた世界が、儒教の浸透とともに陰に隠れていくのだと思います。神人・供御人は商工民が多いわけですが、商人、手工業者の地位が社会的に下がってくることと、このこととは関係がありますし、穢れの忌避の問題もこれに絡んできます。〈穢れをキヨメル〉非人は「犬神人」になっており、「犬」がついているにせよ、間違いなく神人です。神人としての特権を非人も持っていると思います。西国の穢れにたいする忌避と神人・供御人の問題は、根本のところで絡んでいるのではないかと思いますね。

それはこれからの問題ですが、インドとの関係はありそうですね。朝鮮半島にも、同じような問題があると思いますよ。こうした被差別民の話をアメリカで話したら、在米韓国人が、自分の国と非常によく似ているといっていました。朝鮮半島の少なくとも南部の社会と、日本列島の西部の社会とはよく似ているので、被差別部落については、両者を比較することによって、成果があがるのではないかという話をしたのですけれどもね。そういう角度からの比較は、これまで中国や韓国、朝鮮でもやられていないでしょうね。神人、供御人を、世界史的に考えることと同様に、被差別部落の問題を、やはり世界史的に考えることは大切だと思います。

石井 神人や供御人が被差別……。

網野 そうではありません。しかし神人のある一部が神仏の権威の低下とともに差別されるようになったことは確かですね。しかも、神人、供御人は、商工業者や芸能民ですね。こういう人たちが、室町以後になると、制度としてはまだ神人・供御人制は残っていますが、全体として商人は世俗化していきます。芸能民にも神仏直属の特質はまだ残っているけれども、だんだん世俗化が進行していくとともに、その一部が賤視されていくことにもなっているのです。

石井 ええ。

網野 中世では商工業者に僧侶、僧形の人が非常に多かったのが、だんだん俗人になっていく動きが明らかにあります。重商主義の力の実質は強くなっているのですが、農本主義によって建前の上ではおおわれて、社会的に地位が低くなっていく過程と、被差別部落が制度として固定されていく過程とは、確実に無関係ではないと思います。

だから、被差別部落の問題は、農村の問題ではなくて都市の問題だと思うんです。

実際、城下町や都市的な場に、被差別部落があるのは、西でも、東でも同様のようですね。

これは、まだまだ結論の出ることではないけれども、そこに切り込んでいかないと、この問題の本質はわかってこないのではないかと思いますね。

【3】被差別部落は都市から

石井　差異と差別とか、そういう問題とも絡んできますね。網野さんが最近、おっしゃってることですが、差別は都市から始まると。被差別部落は都市からということの内容を、もう少しうかがいたいなと思うんです。

網野　被差別部落の源流を中世まで遡って考えることについては、いろいろ異論もあるのでしょうが、私は非人と河原細工丸は、やはり、被差別部落の重要な源流だと思うんです。そのほか、遍歴する芸能民、宗教民の問題がありますが、非人の「宿」のあるところは、都市的な場でしょう。

石井　都市の概念にもよりますけどね。都市的な場ということはわかりますね。

網野　河原もまた同様ですね、少なくとも、農業の匂いはないですよ。農業から排除されているといわれているけれども、むしろ河原細工丸の仕事場自体が河原です。ですから都市と不可分なのです。実際、「農業から排除された」といわれる人の中には、商工業者や芸能民などがたくさんいるわけで、別に排除されたのでなく、農業の必要のない人たちなのです。

石井　だから、その場合の農業とは何かと。

網野　当然、田畠の耕作でしょう。それに関連して、「在家人」という言葉があります。備後国大田荘の預所の淵信が「在家人」といわれているんです。

石井　そう書いてあった？

網野　ええ。あの有名な淵信の栄耀をきわめたことについて、非難した百姓たちは、その申状の中で彼が「在家人」であるにもかかわらず、預所になったのは不当だと書いています。

石井　私は、それは出家に対する在家だというふうに理解していたんです。

網野　私も、そうも考えられるとも思っていたのですが、そうではないようですね。淀の市庭は「在家人」が、河原に住みついて開かれたとか、淀の市庭の相論は「在家人」についての争いだなどと、元応元（一三一九）年の「関東下知状」に出てきますね。それから嘉元四（一三〇六）年の厳島の所蔵している聖教の紙背文書に「備後国歌島の在家人」とあります。尾道の前の向島ですね、この人たちは金融業をやっており、酒屋でもあり、「段歩の田畠」も持っていないと自らいっています。それから、若狭国太良荘の末武名の相論で、中原氏女という御家人が、藤原氏女に対し、やはり段歩の名田を持たない「在家人」といういい方をしているんです。

石井　私は大田荘の渕信は、出家の出身だけれども、行為は出家のすることではない、俗人そのものなんだという意味だと思っていたんだけれども。

網野　ええ。たしかに高野山の山上に住む僧侶ではないという意味があると思うけれども、「在家人」という言葉には、独特の意味があったのだと思います。マイナスの意味もありますが、平民百姓の負う田畠に対する課役を免除されるという、プラスの意味もあったのです。「在家人」は、まさしく都市民の呼称です。実は、都市の検注では、在家しか検注しません。在家しかいないわけです。

石井 志摩の江向もそうですか。

網野 その通りです。それから新見在の市庭もそうなんです。新見在の地頭方には、代官が二人いて、地頭方を二つに分けて請け負っていたのです。

石井 新見荘の市場はひとつではないんですね。

網野 領家方にもありますが、同じ地頭方の市場を二つに分けて検注しているのです。だから、これまで十何軒しかないといわれていましたけれども、合わせると三〇軒以上の在家があります。あれも在家検注です。

石井 そうすると渕信が在家人といわれると、どこの在家人ですかねえ。尾道かなあ。

網野 間違いなく尾道ですね。浄土寺の建立に大変な寄与していますからね。

石井 私の書いた説がつぶれて、それは、ちょっと困るなあ（笑）。

網野 久代氏の一族というお考えは、間違いないと思います。その説は崩れないと思いますよ。

石井 それは、私も、そうだとがんばるつもりでいるんですけれどもね。

網野 しかし、久代氏の一族の僧侶が尾道にいてもおかしくはないわけですから。

石井 尾道に入っちゃったんですよね。賛成（笑）。

網野　そういう意味で在家人は田畠の秩序からはずれたものに対する呼称ですが、まだ賤称にはなっていないでしょう。

石井　プラスイメージを持ってるというのは、どういう意味ですか。

網野　まず自分で在家人といっています。「段歩の田畠」をも持たないということを当然のようにいっています。鎌倉末期に歌島の都市民は、自分でそういっていますね。

明徳三（一三九二）年に太良荘の在家百姓たちが、自分たちは平民の課役を負う義務はないといっています。多分、尻高名《しったかみょう》の人たちで、ここは鋳物師が名主になっており、おそらく都市的な場ではないかと思います。

非人や河原者も、都市的な人たちで、田畠からはずれた存在であるという点はこうした商工民と共通しています。

石井　在家は持ってるんですか、在家人であるんですか。

網野　非人・河原者は「在家人」ではない場合もあるかもしれません。それはよくわかりませんが、私は在家人である可能性は十分にあると思います。非人や河原細工丸の在家が検注されないということはないと思います。京都の町では、散所の非人や陰陽師の在家も検注されています。河原者の在家が検注されている可能性は十分にあります。都市の在家検注で、河原者の在家があることは、あり得ないことではないと思います。

これまで被差別部落の取り上げ方が、農村から排除され、土地を持っていないところに差別の最大の要因があるといわれてきましたが、それは商工業者だって、まったく同じですからね。

石井　ええ。

網野　田畠を持たないことが原因で差別されたというわけではないし、逆に、被差別民が土地を持ったからといって、差別が消えるわけではけっしてありません。

石井　さっき、お話に出てきたような、『三十二番職人歌合』で、「農人」というのは、だから、農人が、そういう形で出てくるということと……、農人も、そういうふうにマイナスの位置に置かれているということと、今の、そういうようなものを、ほぼ平行しているとすると……。

網野　そこは非常に微妙なところですねえ。

「農人」が差別されていると考えられるのは、『三十二番職人歌合』だけでしょうね。ただ『本福寺跡書』でも、農業をけっして尊重してはいないわけでしょう、十五世紀はそういう雰囲気があった時代だと思います。ですから、『三十二番職人歌合』のように「農人」が差別される可能性もありえたと考えることもできるかもしれませんね。

しかし、被差別部落の問題は、農業社会から排除されているという視点からでは、けっして解けないです。裏返していうと、いまものべたように農業社会のお仲間入りさせてもらったら賤民の身分から脱出できるという、今までのオーソドックスな捉え方も明らかに間違いだと思います。これは事実ではありません。田畠を持っている非人もいますし、大変な金持ちの河原者もいるのです。穢れの問題や、ハチタタキのような遍歴する異形の宗教民の差別など、差別の要因自体がさまざまですからね。

石井　それはいつからかという問題なんですけどね。

網野　賤視、差別の進行がはっきり進むのは、十五世紀以降でしょうね。『一遍聖絵』の非人は、みな、都市的な場にいますね。そういうところでないと、キヨメや乞食の生業が成り立たないし、この人々は土地を持つ必要がないのです。人がたくさん集まっていなければ乞食はできないし、キヨメの問題も農業的な色彩の強い集落では、成り立たないでしょうね。都市と結びつかなければ成立しない生業だと思います。

そうなると、被差別部落の源流を、農村からの排除という表現の仕方で捉えるのはまさしく農本主義的な捉え方で正確ではないということを強調したかったんです。これは一応筋がとおってるでしょう（笑）。

石井　はいはい。

第九章

歴史のつくる虚像

まとめ

【1】古代国家の虚像

網野　これまでの歴史の中で無視されがちだったことの一つは、女性の果たした役割、特に養蚕や織物に関わる女性の社会的な生産についてですね。調庸や年貢、租税として納められた絹や布の納入者の名義は男性ですが、それを生産するうえに中心となった主体は女性だったと思います。

石井　実体としては女性が強かったんでしょうね。その点は全面的に承認しますよ。

網野　また考古学によるあちこちの発掘で発見される遺構、遺跡のあり方を見ると、全国統一された斉一的な状態ではないことがよくわかりますね。

石井　全くその通りですね。

網野　国家の成立後につくられてきた虚像に日本人は長年縛られ続けてきたことを十分に考えておく必要があると思います。

石井　国家史の問題は私にとってずっとなかなか難しい問題でしたんで、網野さんの視点とはちょっと違う視点からお話させて下さい。実は私は、四十何年も昔に、卒業論文を書いた頃、古代律令国家がはじめは唯一、国家権力を独占していて、それが分解していくのが中世だという見方で論文を書いたんですが、やがて、それは、非常におかしいのではないかと、逆の方向に大きく考え方を変えたわけです。

つまり律令国家、古代国家は虚像であって、現実には当初は地域的な共同体、そして共同体から形を変えて出てきた地域的な支配者、政治的支配者と同時に宗教的な司祭者、天皇を小型にしたような存在が各地域にいくらでも割拠しているのが実体だという方向に、律令国家の虚像性を大変強調する方向に向かったわけです。

しかし、どうもその虚像性の強調だけでも、うまく解釈ができないのではないか、と反省しまして、また律令国家の意義性を、あるていど評価しなければ、と思うようになりました。

それで、日本列島のかなりの面積の領域について、制度的な、あるいは理屈の上で、権力を独占する律令国家ができた。それにかわる、あるいは対抗できるような権力は何もできなかったということは事実だと思うんです。

だから、古代には、現実化していなかった権力が、結局、時代を通じて、だんだんとその方向に近寄ってくるという意味で一種の歴史の先取りという役割をはたしたんだといえるのかなあと思うようになったんです。

網野　「先取り」ともいえるでしょうが、そこが「日本」の独特な問題で、社会はまだ未開な状況が広くあったのに中国大陸の文明的な律令を受け入れたのだと思います。その意味で〝早熟な〟国家だと思うのですが、しかしそうした先取りした律令国家体制をその支配者たち、ヤマトの天皇や貴族たちは、すくなくとも百年は本気で実現しようとしたわけです。たとえば陸上交通を基本とした直線道路、家父長制にもとづく家族によって構成される戸籍、それから水田を基盤とした土地制度、租税体系を実施するわけです。それを支えているのが儒教であり、農本主義であるといえます。こういう国制が非常に早熟的に取り入れられて本気で実施されようとしたことが、実際には百年も持たないのですが、のちのちまで甚大な影響を及ぼすことになるのだと思います。

しかも、水田を基盤にした制度は、中国大陸とは異っており、列島西部の人々の思い入れをこめた制度をつくったのですが、日本国の支配下に入った地域に浸透していくわけです。確かに。それは間違いないでしょうね。

石井 そうでしょうね。

網野 それが近代に至って、強力な国家が確立すると、さらに徹底して浸透して虚像、イデオロギーを伴いつつ社会全体に浸透していくことになったというのが実態だと思います。

石井 そうなんですね。

網野 ただ、しかし、社会の実像、歴史の実態をほんとに考えようとしたら、それは、早熟な先取りであり、それが「唯一」の日本列島の国家と考える必要もないし、社会の実態ということにはならないでしょう。

石井 それは全くべつの問題ですね。

網野 そうですね。確かに、とくに近世以後、古代の日本国の国制が次第、次第に浸透してきたことも確かですけれども、それは国家の制度の視点、支配者の立場であり、その浸透の結果、排除され、見落とされ、ほとんど光の当たらない状態にされてきた世界が非常に広く残されることになったと思います。私の強調したいのはその問題ですね。ただ、非常に重大な問題だと思うのは、律令国家で決めた国の単位ですね。武蔵とか相模のような国の単位は、九世紀に固定してから明治までほとんど変わりませんね。明治以後も名前は変わっても残るといってもいいくらいです。私は平将門も、鎌倉幕府の将軍も、王権といってよいと思うのです。関東に対して関西という言葉すら、鎌倉幕府が使い始めているのです。つまり、東から見て西という意識は鎌倉時代から始まるわけです。

律令国家を相対化する実態と意識は、関東から、あるいは東北から生まれ、九州から生まれたといえるとは思いますが、国はほとんど動いていないわけです。

石井 まあ、若干はありますけれどもね、木曽が美濃国から信濃国になるとか、あるにはありますけれどもね。

網野 そうですね。若干、境は動きますが。郡がかなり動くのに対して動きは少ないと思います。

石井 なぜだろう。

網野 そこが問題なんです。将門も、国の単位に即して何々の守を任命しているわけですね。

石井 それはそうですね。

網野 頼朝の場合なども、もう少し国郡制に対していろいろなことができそうな気もするのですが、やはりやっていないのです。

石井 まさにそうですね。

網野　戦国時代にかなりこわれるところがありますが、秀吉や江戸幕府の時代に入ると、御前帳が国単位でつくられたように、国の単位、国郡制は変わらないわけです。そこには「日本」という国の名前を変えようとしなかったのと同じ要因が確かに働いていると思います。律令国家が本格的な国家をつくったことの意味が「決定的」で、非常に深いところまでその意識が浸透しているということの、これはもっともいい例証かもしれないです。

石井　信濃国は今、長野県ですが、長野県は非常に地域性が強いところで、どうも長野県という言葉を、あまり使いたがらない。長野県というと、どうしても長野市が中心になっちゃうので、だから北信以外はみんな、信濃というわけです。

網野　明治になったときに、諏訪県とか……。

にもかかわらず、信濃国を分けようとかね、そういう動きにはならないんですね。

石井　初期ですね。

網野　ええ、かなり分割されますね。

石井　それは、中野県とか、いろいろ中央政府は分けるんだけれども。

網野　ええ。しかし、これは元の木阿弥になっていきます。

石井　そうですね。

網野　明治政府は最初のうちは、江戸時代の藩をもとに県をつくろうとします。江戸幕府の藩も、各地域に根ざしたところがありますので、藩から県をつくろうとしますが、結局、律令国家の国にだいたいは戻るわけですね。

石井　多くはね。

網野　甲斐もそうです。郡内と国中は、全然、質が違う地域で、相模湾に入る桂川と駿河湾に入る富士川の地域に分かれていますが、どうしてこれがひとつの国になっているのかという問題があります。確かに、政治的にも分離する傾向があるのですけれども、やはり甲州ということでまとまるのです。

さきほど律令国家の制度の上からの浸透といわれたけれども、国の場合は「山川を定める」ということから始まるわけで、自然の地形と地域の生活をかなり地盤にしてつくられた単位、制度ですね。だから生命が長いのだと思います。

それから、気やすく「日本国」といいますが、北海道や沖縄はもちろん、東北の北部もこの国家の中に、なかなか入っていないのですね。そういうところから「日本国」を見直していくことも大変に大事だと思います。結論的ないい方になってしまいますけれど、私は日本国の国制が「虚像」をつくり出した点が大きいと思いますよ。現在の「日本論」「日本語論」は制度によってうえつけられた「虚像」にもとづいている部分が大きいと、私は思っています。水田だけで社会が成り立っているはずがないし、男だけで税金を支えているはずはありません。

石井　今でも高校の教科書のかなりのページを、律令制度の叙述に割いているわけですよ。これは問題ですよ。

網野　そうですね。大きな問題だと思います。

制度の説明をキチンとしておくことはいいと思います。ただそれはあくまでも制度であり、実態と直ちに一致するはずはないのです。ところがその制度の説明からただちに「班田農民」という実態を示す言葉が出てきて、いまも依然として使われつづけています。最近までこの言葉は、全然、変わりないですよ。古代史の専門家も当然のようにこの言葉を使っていると思います。

制度を現実に、直ちに連結させ、制度を実態と見る見方にともすれば陥りがちになるのはわかりますが、制度を制度たらしめている社会を捉える必要があるわけですね。それとともに制度が捉えきっていない社会の実態があるはずです。しかし制度に即して文書、記録が残っていますから、私自身も含めてだけれども、研究者も、そうした捉え方に巻き込まれる危険性が大きいのですよ。

石井　そこはなかなか難しい問題がありましてね（笑）。

網野　私もそう思いますね。清水三男さんは制度の外被のかげにかくれている真の実体、「自然村落」を追究されたのですが、それが十分成功したかどうかなお問題が残っています。

しかし清水さんが「自然村落」を追究された気持はよくわかりますね。

【2】「北」の重要性

石井　そういえば以前（一九九八・六）に、青森県の十三湊の発掘調査を県や市浦《しうら》村がやり始めてから五年目を記念したシンポジウムを、県主催でかなり大掛かりにやりました。千二百人も集まってくださって、盛会でした。

そのときに宇野隆夫さんが基調演説をやられて、蒙古襲来で、元が勝ったら、おそらく首都を博多と十三湊に置いたでしょう、十三湊は日本の首都になった可能性があります、と。そういう発想というのは、ふだんあまりしないから、これは面白いなぁ、博多が大都、十三湊は上都というところかなぁ、と思ってうかがっていましたよ。

考えてみると、そういうことがあってもおかしくなかったんですが、幸か不幸か大陸の外れに位置していた、日本列島は、そういうことを経験せずにすんできた……。

網野　まさしく幸か不幸かだけれども、アメリカとソ連に占領されているときに、西日本がアメリカ、東日本がソ連に占領されたら、いまのような状況には絶対にならなかったでしょうね。いろいろな偶然が作用して、「日本国」はどうやら一三〇〇年つづいてきたのだと思いますよ。

石井　それはそうでしょうね。

網野　しかし朝鮮半島もいろいろ侵略は受けたりしているけれども、やはり朝鮮としてのまとまりを持つ方向は強いですね。しかし戦争の結果分断された現在では、二つの国家はもちろんですが、もっと深く「民族」のちがいにまで分断が及んでいると思います。日本もどうなっていたかわかりませんよ。

石井　そうですよね。

網野　いろいろな偶然、例えば元のときの台風、第二次大戦後のアメリカとソ連の関係などの偶然があったと思います。「島国」だから侵略されなかったというこれまでの捉え方は、やはり虚像だと思うのです。そういう方向に話がいってしまうところが大きな問題で、たしかに海は外敵に対する障壁になりますが、絶対的な障壁ではありませんからね。

実際、どこで島が分かれるかと考えてみると、本州と北海道の間も、北海道とサハリンの間も、サハリンと大陸の間もほんとに狭いですからね。対馬と九州より、対馬と朝鮮半島の間の方が狭いのですから。そう考えると、モンゴルが北から入ってくる可能性もたしかにあり得たでしょうね。日本列島は大陸の北と南をむすぶかけ橋ですから、東西南北の各方面から、たえず人もモノも動いていたと思いますよ。孤立しているというわけでは、決してないですね。

石井　私は完全に孤立をしていたとか、そういうことをいってるわけではないんですけどね。

網野　ところが、なんとなくそういう方向にいってしまうのです。しかもいまの日本国の領土の中だけで考えようとします。

石井　そうかなぁ。完全に孤立してたわけじゃなくて。しかし陸続きの大陸の一部でもなかった。それは、日本列島の歴史にとって重要な条件ではないかと思うようになっただけですけどね。

網野　それはもちろんその通りです。しかしモンゴルが北から北海道、東北に入ってくる可能性も、十分ありえたと思います。

石井　それはもちろん。青森でのシンポジウムでは、遠藤巌さんに、北からの蒙古襲来をやって頂いたんですから。

網野　しかし琉球、沖縄の発掘は、まだまだですね。

石井　いや、北もまだまだですよ。

網野　そうでしょうね。これから、北海道を含めて、発掘が進むといろいろのことがわかるでしょう。とくに北アジアの発掘がほとんど、やられていないですからね。

石井　そのようですね。それと関係して、近頃はすっかり縄文ブームですが、考古学の縄文文化の扱い方に、どうも少し、問題がありそうに思うんですね。

網野　たしかにそういうところもありますね。

石井　考古の人は、縄文式土器は、日本列島の北から南まで、共通性が非常に強いとよくおっしゃるんです。私が歴博（国立歴史民俗博物館）に行ったばかりの頃、アメリカの日本史研究家で、すごく頭の切れる女性を一日案内して、歴博の展示を見てもらったんですよ。歴博の展示では縄文文化の展示室の主題を英訳して、たしか「日本のユニーク・カルチャーの成立」と書いてあったの。そうしたら、彼女は最初に、これはおかしい、というんですね。これほど日本特殊性論で叩かれているときに、国立の博物館が、ユニークな文化とは、一体どういうつもりですかと。たしかに展示してある縄文文化の構成要素の地図を見ると、今のロシアの沿海州あたりにも同じドットを落としてあるんですよね。それをすぐに日本のユニーク・カルチャーの成立といって怪しまない、それが日本考古学ではないか、と感じました。

網野　まさしくそうだと思いますね。「私は縄文人、弥生人を日本人と考える」と、わざわざ書かなくてもいいことを書いている方がいますね。こうした意識がいまも大変に強いのだと思いますよ。佐原真さんも「日本」は地名だから弥生時代にも日本人はいるのだといって私を批判されていますが、同じ見方でしょうね。それから三内丸山遺跡の漆が中国大陸の漆とＤＮＡが違うという事実が確認されると、これは大変、大切なことですが、この漆は「中国」ではなく「日本」独自の漆だというい方になってくるのです。

石井　でもね、それは二〇世紀の歴史学、科学も、みんなそうですよ。

網野　まさしくそれが国民国家の問題につながっています。近代歴史学は「国民の歴史」として出発するわけですからね。そこのところの問題が二一世紀を迎えようとしている現代に、問われつつあるのだと思います。今ごろ、米が大事だとか、水田が大事だというある意味で当然のことをあえて声高にいっている方の意識が、私にはほんとうにわからないし、「国民の歴史」を強調される方々の意識も理解し難いところがありますね。私の率直な感想ですけれども。昔の律令国家の思い入れを、もう一度、再現なさりたいのでしょうか、といいたくなりますね。

米はもちろん非常に大事だけれども、国家のつくり出した虚像によって排除され、切り落とされてきたそれ以外のものの大きさをもっともっと明らかにし、知らなくてはならないと思うのです。そういう努力を一切しないで、米、水田とだけいってことたれりとするのは怠惰というほかありませんね。

【3】これからの歴史学

網野　さきほどのアメリカの女性はキャロル・グラックさんでしょうが、グラックさんには何回かお目にかかりましたが、なかなか鋭い方ですね。

石井　ええ、ユニーク・カルチャーとはなんですかと（笑）。

網野　それはほんとそうですね。一寸ずれますが、前にもいったように名古屋大学の渡辺誠さんの縄文文化論は日本列島をこえているのです。朝鮮半島の東南部と列島の西部に共通した結合釣針や石鋸というモリ、曽畑式土器を使う海民の文化が縄文前期からあったというのです。

石井　どこらへんまで？

網野　朝鮮半島の東南岸から対馬、壱岐、北九州にかけてですね。

石井　沖縄は？

網野　少し遅れると沖縄、山陰、瀬戸内海にまでひろがるようです。弥生時代にかけてそういう動きがあるらしいのですが、私はどうも、それが、倭人の一つの源流になるのではないかと思っているのです。渡辺さんはそこまではおっしゃいませんけれどね。

石井　それと『倭人伝』の叙述はよく合いますね。

網野　よく合うんですよ。それから北のほうのバイカル湖、沿海州あたりに縄文土器と同じような土器が出てるんですよね。

石井　そうらしいです。ちゃんと歴博の展示で地図上の地点に落としてあったと思いますね。

網野　サハリンはどうですか。

石井　どうだったかな。ドットはなかったような気がするけれども。

網野　発掘がやられていないからでしょうかね。日本だけ、特異に綿密に発掘されているから、日本列島だけが、妙に浮き上るのではないでしょうか。これからの問題ですね。

石井　それが結局、近代の学問の枠ですよ。

網野　そうですね。近代歴史学自体、国民国家と不可分の学問ですからね。どこの国の歴史もそのとおりなんですけどね。

石井　そうなんですね。歴史学は完全にそうですよね。

網野　ただ、その国民国家の枠自体に動揺が見えてきたのが現代の最大の問題だと思うのですけれどもね。

石井　それはそう思いますね。

網野　戦争直後の日本の歴史学では、沖縄とアイヌは完全に日本史の中から落ちてしまっていました。私が高等学校で教えていた一九六〇年代ごろの教科書にはアイヌと沖縄はまったく出てきません。沖縄は返還前だったのだから、当然でしょうけれどもね。

石井　教科書では、その少しあとぐらいから……最初は、沖縄のほうを少し書こうということで、三山とか、グスクの話をちょっと……。

網野　一九七〇年代でしょう?

石井　そうでしょうね。それから、北海道もいろいろあるから、それに十三湊も書かなくちゃ、というのが八〇年代ぐらいですね。

網野　そうですね、少しずつは変わりつつあったわけですね。

石井　青森県でやった十三湊のシンポジウムのとき、県知事さんと話をしたことがあるんですよ。高校の日本史の教科書で青森県が出てくるのは、三内丸山がまだ間に合っていないので、今でも亀ヶ岡式土器と、弥生時代の垂柳の水田遺構のあとは十三湊。十三湊以後は、江戸時代や近・現代に、青森県のこと、どこに出てくるのかなあと、そういう話が出ました。

十三湊も発掘が始まってからぐらいですよね。山川の教科書は、もうちょっと早かったかな。

網野　十三湊の発掘は、どこまでいってるんですか。

石井　結局、市浦村に学芸員の方が一人、県の方で一人半ぐらいという陣容で、担当の方は大いにがんばってくださっているんですが、何といっても広大な面積ですから、なかなか大変なんです。

でも次々といろいろな事実がわかってきています。一番おもしろいのは、西側の前潟と呼ばれる、古い水路沿いにずっと、現在も町があるわけですが、そこに下水道を、北から南まで一貫して抜くことになった。全部はとてもできないけれど、部分的に、下水道の通るところを掘り下げて調査した、そうしたらお寺の門前、二メーター何十センチも下から、これまでの調査の中では、一番古い、十三世紀から十四世紀の遺構とたくさんの遺物が出てきたんです。だから、古い水路沿いに早い時期の集落があったことが実証されたということですね。

網野 それはすばらしい成果ですね。

石井 ただ、下水道工事にともなう調査ですからね、もともと二メーター何十センチも掘れるような面積はないんですよ。しかも両側、砂ですからね。

網野 しかし、よくそこまで掘りましたね。

石井 本当にね。遺構も出たんですが、面積が狭くて、性格はよくわからないようですけどね。焼き物はたしか珠洲じゃなかったかな。

網野 珠洲が出ましたか。それはまた大変おもしろい。

石井 でも、大変です。とくに村の担当者はお気の毒ですよ。一人で全部、やらなきゃなんないですから。

網野 なにしろ「村」ですからねえ。

石井 それから、今の前潟の街並みが切れる南の外れのところも掘ったら、ここも十四世紀の遺物が出た。だから、南北のかなり長い範囲に集落があったらしい。そのすぐ東側に、南北方向に砂丘がつらなっていて、中世からすでに高い砂丘らしい。ですから結局、早い時期、十三世紀位から前潟に港町的な集落があって、そこにどんどん人口増加してくると、十四世紀末から十五世紀に安藤氏が砂丘をこえた、さらに東側の中央部に大きな中軸通りを通し、町はその両側に短冊形の地割りを作った。つまり砂丘があって、すぐ東側にはそれ以上、住めないから……。

網野 町が新しく移動したと考えればよいのでしょうね。

石井 ええ。それで理屈は通るでしょうね。

網野 十分、通ります。

石井 その点では常識的な結果になっています。

網野 一番古いところが、十三世紀までいったというのは大変おもしろいですね。

石井 十三世紀の後期だったかな。

網野 発掘のあとを、どのように整備・保存するかが大きな問題ですね。

石井 なかなか大変ですよ、現状では。

網野 遺跡の発掘は、全面的にやって、保存もきちんとするところが、ぽつぽつですが現れていますから、それがいろいろな意味で大きく発展するとよいと思いますがね。

【4】明治という国家

石井 話はちょっと変わりますが、日本史の中では、古代と明治だけが重要で、その中間なんて、なくてもいい歴史だ。だから中世なんていうのは、なくてもいい時代なんだ（笑）という考え方が、社会にはあるんじゃないですか。明治維新が王政復古で、古代律令制と明治がくっつくことになりますね。

網野 最近の西尾幹二氏の『国民の歴史』（産経新聞社一九九九）がまさしくそうなっていますが、平泉澄氏も同じですし、近代歴史学が基本的にそうなのでしょうね。

石井 そうなんじゃないですか、基本的には。

網野 日本や天皇の問題を考えてみると、どうしてもそうなってくるのではないでしょうか。

石井 以前、西洋法制史との比較共同研究のときだったかな、国際比較で日本の政治体制を議論するときだったかに、そういう話が出たことがあったんです。日本近代国家の分析をやるときに、律令に対する理解は必要だけれども、中世はなくてもわかるんじゃないか、と。佐藤誠三郎さんあたりだったかな。

網野 そういう考え方がまさしく大問題で、そこに近代歴史学自体の持っている問題の構造があります。西尾さんの『国民の歴史』も全くその枠内で、しかも全く実証性がないですね。中世、近世はすっかりとばしてしまっています。

石井 そうですね。なくてもわかるという考え方ですよ。

網野 なくてもわかってしまうような理解の仕方が、これまでの日本の歴史学の主流にあったということもできますね。

石井 全く、そうなんですね、でも、やっぱり中世史をやってる人間としては、そういうことはないはずだ。鎌倉仏教だって中世でしょ、とかね（笑）。

網野　ははは。もちろん、その通りですよ（笑）。

ただ、そうなっていくような構造が、学問自体の中に今まであったことはたしかだと思いますよ。

石井　ようするに中世はネガの世界で、結局、それがあるから、王政復古や何かが輝やかしくなるだけの話なんですね。

網野　それが近代歴史学の主流であったんです。それに対する異端として平泉史学が出てくるわけだけれども……。

石井　でも、平泉史学の場合も、中世の中で、建武中興が輝いているわけだから。

網野　全く同じ構造ですね。暗黒の中世の中で唯一輝いているのが古代の天皇の権力を復活しようとした後醍醐天皇と南朝ですから。こんどの『国民の歴史』も同じ構造ですよ。

石井　ええ、王政復古の繰り返されてきた歴史の中のひとつなんですよ。しかし、そろそろこの辺で、明治という国家について、網野さんのお話を伺わないといけないんですが。

網野　私は、『日本社会の歴史』ではっきり書いてみたんですよ、「最悪の選択だ」といったのです。その点について、松本健一氏に質問されました、「どうして最悪なのですか」ってね。しかし最悪としかいいようがありませんとお答えしたのです。

石井　どこで？

網野　『サンデー毎日』で松本さんが『日本社会の歴史』を書評する形の対談をしたのです。そのかわりに、松本氏の最近、書いた中央公論新社の『日本の近代』の第一巻「開国維新」(一九九八)の書評を私がする形で対談をまたやりましたけれどね。

明治の選択は「最悪」ですよ(笑)。

石井　最悪か、最善かということではなくて、私が伺いたいのは、明治国家の下で農本主義がさかんになる、これは、なぜなんだろうかということですよね。ここのところを、もう少し……、農業の資本主義化とか、そういうのを進めたわけでも、まったくないわけですね。

網野　そういうことはまったくないですね。

石井　ここのところの構造みたいなものが知りたいんです。

網野　私も知りたいところですね。しかし、どうして、あれほど非現実的で事実に反した職業区分をしたかですね。つまり壬申戸籍では「士農工商」で人民を区分したわけでしょう。そのような区分の仕方で現実を捉えることができるはずはないですね。百姓や水呑を全部、農にしたのだと思います。どうして、そういうことをやったのかですね。学者もそのことをある程度は知っていたのでしょうが、古島敏雄さんも「農」の比重の大きさを壬申戸籍の七八%によって強調されていますからね。それに百姓を農民と見はじめたのは江戸時代に遡ると思いますが、江戸時代の幕府・大名の制度はけっして百姓＝農民などにはなっていません。百姓の中に農人や商人、船持、鍛冶、大工が並んでいるのですから。ところが研究者は、例えば尾藤正英さんも江戸時代の百姓は農民で、農民が八〇〜九〇%の社会だと『江戸時代とはなにか』の中ではっきりいっておられるのです。こうした「虚像」をつくり出したことが、明治政府の政策が最悪といったことの一つです。

石井　ええ。それは最悪かもしれないけれども、それなりに政策としては、かなりの成功を収めたのはなぜなんでしょうか。

網野　明治政府の政策がたしかに成功したようにみえるけれども、それは江戸時代までの社会が、商工業の水準が高く、とくに技術水準は、動力の問題を別とすれば相当に高かったのでそれを前提にできたから成功したのだと思いますね。

石井　田中圭一さんは、『日本の江戸時代』の最後のところで、こういうことを書いているんですが、まさに同じことだと思います。

「明治のはじめ、世界に鉄道が走る時代、我が国では駕籠かきが駕籠をかついで東海道を走っていた。この一事をもってしても、彼我の差はいかにも大きく決定的にみえた。しかし、よくよく考えて見れば、それは動力機関の差に過ぎない。明治の識者がいったようにそれは、蒸気機関を買い入れてくればすむことである」と。

網野　まさしくその通りなんですよ。

有名な話ですが、ロシアのプチャーチンの乗ってきた船が難破すると、それを、伊豆の船大工、たぶん百姓の船大工が少し小型にしてきちんとまねをして、つくってしまってるんです。それぐらいのことは、あらゆる産業部門にあったはずです。

生糸もそうですね、生糸は、本来すべて女性がつくっていたのですが、動力が入って製糸工場になるとそうした女性が集まって、工場で、あっという間に生糸をどしどし生産するようになります。これは男にはできないんですよ。女性にしかできない仕事なのですから。日本の近代化に女性の果たした役割は非常に大きいはずです。ところがそういう方向からの評価が全然ないのです。『女工哀史』や『ああ野麦峠』のような方向、被害者としての女性の一面しか、評価されていないのですよ。いかに女性の力が大きかったかについて、もっと強調されてもいいはずですね、人民の立場に立つ歴史学ならばね。

石井　そうすると網野さんと田中さんは非常に近くなってきますね。

網野　間違いなく近くなります。

実際、壬申戸籍の工四%、商七%という数字ですが、農とされている七八%についてみても、『防長風土注進案』を見ますと、たしかに百姓の中に農人が多いですね。ですから、厳密にいえば、七八%の中で、八〇%は「農人」と見ることはできるでしょう。しかし七八%の中の八〇%となれば、六〇%に比重が落ちますね。その「農人」は農間稼ぎをさかんにやっています。『防長風土注進案』や甲斐の村明細帳を見ると稼ぎとして綿作、綿織物、養蚕、それから製塩、漁撈も農間稼ぎとなっています。それから、薪炭、炭焼きもそうですね。ぶどうなど果樹ももちろんそうです。こういう厳密にいって農業以外のものを、さらに、そこからはずすと、穀物生産の比重は五〇%を割り四〇%ぐらいになりますよ。

それを、明治政府はあたかも八〇%が農業、農民だったかのごとくに見せて、明治以後、商工業がいかに急速に発達したかを強調しているのです。江戸時代は、いかに身分制がきびしく暗い社会で、商工業の未発達な社会だったかといって、これを「一新」するのだというわけですが、それは同時に、端的にいって「遅れた未発達なアジア」を切るということでもあるのです。江戸時代の封建社会を切り、「遅れたアジア」を切り落として、欧米に顔を向け、その技術を吸収する方向に向かっていく流れが主流になっていったといえます。

民俗学についても、山中共古の仕事が、どこかで土俗学として切り落とされアカデミックな統計的な学問が表に出てくるという流れと同じですね。明治政府の選択が最悪の道といったのはこうした点で、それ以外の選択もありえたと思うんです。

石井 私は、最悪か、最善かという問題は、あまり……。

網野 ええ、それは評価の問題で主観的になりますけれどもね。

石井 そこは、あまり議論に深入りしたくなくて。やっぱり、当時の状況の中で生き残るために選択の幅はほとんどなかったという説に賛成したいですけどね。

網野 皆さんそれを必ずいわれるんです。どういう道がほかにありましたかという反問が必ず出ます。松本さんもそうでした。

石井 それなら植民地ですよ。

私は負けたらよかったのだと思っているんです。

網野　どうしても仕方なければ植民地になった方がよかっただろうということです。同じ運命をたどっているアジアの人々を抑圧して、自分だけ成り上がるより、ずーっと、そのほうが人間的だと思うんですよ。

石井　それを松本さんとやったんですか。

網野　はい、そうです。そこのところですよ。勝とう、勝とうとして、結局、日清戦争、日露戦争をやって、勝った、勝った、勝ったで、調子よくなり、結局、第二次大戦で徹底的な敗戦をしても、なお、まだ本当に負けたとは思っていない。

石井　前に聞いたんだけど、どこかヨーロッパの辞典に、「第二次大戦の勝者である日本は」というのが出てくるそうです（笑）。

網野　はあ……（笑）。それは、経済的な問題でしょうね。

石井　そうでしょう（笑）。皮肉でしょうね、きっと。

網野　江戸時代に蓄積してきた、非常に多様で内実のある力を完全にすくい上げて次の時代に立ち向かう姿勢に立つこともできたはずですね。

【5】選択は一つではなかった

石井　江戸時代で思い出しました。網野さんに伺っておきたいのは、川勝平太さんのご本は読まれましたか。

網野　いちおう読みました。

石井　江戸時代の経済的発展を、高く評価する議論になっていると思いますが。

網野　そうですね。それは私もそう思いますよ。ただ川勝さんは弁が立たれるので、この調子にそのままうっかりは乗れないなという感じがしないでもないですけれども、大変おもしろいです。

石井　たしかに文章がうまいですから。

網野　うまいですね。それから、海の役割を、あれだけ評価して下さるのは、大変に有難いです。ですから、よく対談やシンポジウムで御一緒になりますよ。

だから、江戸時代の発展については、やはり、もう少し厳密に考えてみる必要がありますね。実際、服部之総とかいろいろな人がそれなりにやってきたんですよ。

同じ講座派でも、山田盛太郎は難しいことをいって、江戸時代も明治以降も全く手きびしいですね。しかし服部之総は具体的な産業史をやっていますよね。

石井　そうですね。だから、マニュファクチュア論を提唱したんでしょう。

網野　桃山時代を初期絶対主義というような発想が出てくるのは、服部さんが実態に即して考えようとする志向をお持ちだったからだと思います。

石井　あの人、だいたい実業の人でしょ。

網野　真宗の坊さんですね。

石井　石見国の、真宗の寺の出身だし、花王石鹼の広告部長とか、なんとか部長じゃなかったかな。

網野　そうですね。で、花王石鹼の歴史もやっているはずです。

石井　花王石鹼の何十年史と、オーナーの長瀬富郎伝を書くために入社したのだったかもしれないけれど……。

網野　とにかくおもしろい人でしたよ。服部さんとは多少、接触があったけれども。「公式的」なマルクス主義者とはムードが大分違ってましたね。酒飲みだし、遊び人だしね（笑）。それはともかくとして、江戸時代の社会については、もう一度追究してみる必要があります。まだまだ研究する余地が非常にたくさんあるような気がしますね。

石井　そうでしょうね、当然ね。

網野　どうして、ここまで、農村、農民の問題にだけに研究者が縛られてきたのか、怖いぐらいですよ、ほんとに。

古島さんですら結局、結論は農業中心に落ち着かれてしまうんですよ。実際にやっておられる分析と、最初の農業の比重についての見方とは、実際にはずいぶんずれているんですよ。厳密には矛盾するはずなのだけれども、結局、分析のおしまいのところでは農業の比重が大きいというご託宣が下っているわけです。

石井　難しいところですなあ。

網野　明治については、さきほどもいったように、ほかに選択の道があったか、というい方が非常にふつうになされていますね。

石井　それは非常に一般的な考え方じゃないでしょうか。有泉貞夫さんが、昔、『星亨《ほしとおる》』（朝日新聞社一九八三）の中で、秩父事件で、かりに反乱側が勝ったとして、結果的に日本は、さらに惨憺たる状況になったろう。民権派が勝ったとしても、近代化のための松方デフレ政策以外、もっと良い選択の余地はなかったと、ずいぶんはっきり書かれたもんだなあ、と思って当時、感心した覚えがありますが。

網野　明治政府の選択が正しかったというのは、結果として独立し、近代化し、大発展をとげたというところから始まる議論ですからね。

石井　それは現在のいわゆる国家主義というのは、すべてそこですよね。

網野　そうです。もちろん、アヘン戦争で中国が植民地化したのと同じことになるかどうかはわかりませんが、負けて勝つほうの道、たとえ一旦は一部が植民地になる道をえらんでも、アジアの諸民族と手を結ぶ道を取るか、勝とう、勝とうとして国内の人民とアジアの諸民族を抑圧する道を進むかの選択ですね。後者の道を進んだのが明治以後の日本であり、前者の道の進み方もあったと思います。

その底流としては内村鑑三のような主張もあったわけで、いろいろなところに、ずーっと生きていますが、それは主流にはなりません。歴史に、もしもとはいってはいけないのだけれども、少なくとも、勝とう、勝とうとして、敗者を常に上から見下ろし、抑圧をして、自分がのし上がっていく道を選択した明治政府の道を最良の道といえるかということですね。そうでない道だって、選択は不可能ではなかったはずですよ。はるかにつらい道だったと思いますね。しかしもっともっとつらい経験を日本人がしていたら、今のようにぼけっとはしていないと思いますね。当時のアジアの他の国、たとえば中国のようになったら大変だという危機感は当然あったと思いますね。それは当然ですが、そこでどうすべきだったかですね。

当面は幸せのように見えるけれど、それが不幸になることもありますからね。モンゴル襲来のとき大暴風雨があって元軍が壊滅したのはたしかに「幸せ」ともいえますが、これを「神風」といって、ついに最近の戦争のときまで日本人がその幻想にしばられつづけて多大な犠牲を出す大きな「不幸」を生んだわけですからね。明治についても同じようなことがいえるのではないかと思います。どちらがいいかはわからないですね。

石井　長い目で見れば、結果的に、歴史というのは、どうなるかはまったくわからず、だいたい人類自体が永久に生き延びられるかわからないんですから。

網野　その通りですね。

石井　『中央公論』の、一九九八年四月号だったかな、おもしろかったですね。立花隆と熊沢峰夫さんという地球科学の先生の対談なんですけどね。温暖化、温暖化というけれども、地球は長い長い目で見れば、冷却化以外にはないんだと。それはそうなんだけれども、なかなか、そこまでは普通はいえない（笑）。

網野　それはそうでしょうね。

石井　過去の歴史上には、気温の変化のサイクルで、今ぐらいのはいくらでもあるわけですから。気候変動の歴史を見ていると。だけど、そういう歴史をなにも考えないで、とにかく温暖化が大変だ、大変だという、なんかおかしいなあという気がしないでもない。

網野　いい、悪いを簡単にいうことはできないでしょうが、私は、さきほどから申し上げているように、明治政府がずいぶん現実を歪曲してきたのは間違いないと思いますよ。

この歪曲は、改めて正した上で見直す必要があります。これは、律令の場合にも同様な歪曲があり、「虚像」がつくられているわけですが、それを徹底的に事実に即して明らかにし、盲点になっているところをはっきりさせた上で、最終的に総括したらよいと思うのです。

だけど、今までのように、これしか選択の道はなかったじゃないかといって、批判をみなおさえつけるような発想だけからじゃなくて、もっとつらい道を選択する方向までふくめて考えてみる必要がありますね。

江戸時代を、全部、暗くマイナスの世界とみて、その達成をいっさい否定するような方向ではなく……。

石井　表向きには否定したけれども、現実には、その上に乗ってきたということでしょう。

網野　そのとおりだと思いますね。

その乗っかってきた事実については、今まで研究者も、ほとんど本格的には明らかにしようとしてこなかった。

石井　そうでしょうね。

網野　そこのところを、もうちょっとやらないとまずいんじゃないかなというのは、年寄りの繰り言かな（笑）。

石井　そもそも革命政権とか新政権にとって、表向きは前政権を全面否定しながら、実際上は前代の遺産を活用して、その上に乗ってゆくというのは歴史上、どこでも同じじゃあないでしょうか。日本でもまず最初に書かれた歴史書である『日本書紀』自体が、そういうものだったんだろうと思うんです。

網野　そうでしょうね。

石井　倭国から日本へというときにも、きっと同じようなことをやってるに違いないんで。

網野　まったく、そうだと思いますよ。

石井　だから、それ以前の日本、とはいえない、といって倭国だけだと、毛人が入らないか……。

網野　列島社会といえばいいんですよ（笑）。落ち着かないといわれますけれどもね（笑）。

石井　そういう状況はどうだったんだろうか。そういう問題の立て方というのは、おもしろいといいますか、やらなきゃいかんでしょうね。

網野　そうでしょうね。

石井　そういう点からは、網野さんの『日本社会の歴史』も、もっとうまく、わかりやすく書くことができたのではないかなと。

網野　ええ。

石井　これから、まだまだやる余地があると。

網野　それは大いにあると思います。

これを簡単にして、スペイン語に翻訳しようという話もあるんですよ。これを、もう少し簡略にすることは不可能ではないですね。

石井　簡略化だけではなくて、もっと書き換えなければ、外国の人にはだめでしょうね。

網野　そうですね。叙述のスタイルを変えないとね。これは「概説」という意識で書きましたからね、それに最後まで縛られています。それから解放されたのが十二章だったということです。だから十二章は自由に書けたのです。

石井　だからまず十二章からお読みなさい、ということです（笑）。

網野　高校で教えていましたから、過不足なく教えなければという意識が、どうしても頭に残っていたのですね。しかしこの経験がなかったら、あんな本は、書かないですよ。

石井　私は、不幸にも、そういう経験がないから（笑）。

網野　幸いかもしれませんよ（笑）。

【6】再び国号問題

網野　国号を変えるときヤマトの支配者は、非常に緊張していたと思いますね。遣隋使がいちどやられていますからね。「日出ずる処の天子」といって煬帝を激怒させたあのときは日本とはいっていませんが天子といったので煬帝がおこったのです。「日本」という国名はこの意識の延長線上にあります。あの意識がはじめて具体的な形をとって、はっきり前向きに出てきたのだと思います。

あの段階では、「倭王」の使だったのですが、「蛮夷の書、無礼なる者あり」といわれて、突っ返されたわけでしょう。隋・唐から見て「自主外交」などというい方ができるかどうかわかりませんが、中国大陸の大帝国に対して肩を張って、対等とまではいかないにしても、少なくとも朝貢国の姿勢はとらないという意識はあったでしょうね。その中で律令もできたのだと思いますね。

石井　律令を作るということ自体が、大変なことでしょう。

網野　そうだと思いますよ。

それは、中国大陸の大帝国から見たら、「東夷」野蛮人が何をやっているのだという目で見られているところを、あえて肩をならべる意気込みでやってるわけですからね。そのくらい中国大陸を強く意識しているわけですよ。だから、冗談でいったことがあるのですけれども、国号について、私に対して右翼が文句をいってきたら、あなた方の大先輩の幕末のころの極右、国家神道家で、確実に、大変なナショナリストが、「日本」という国の名前は中国大陸を基準にして東といっている、唐人の立場に立ってつくった国号だから、こんな国号は大嫌いだから変えてしまおうと藤田幽谷のところに来ていっているのです。それなりに筋がとおってるので、まさしく、それはその通りだと思いますよ。

石井　それは、ほかでもよくある議論じゃないの？

網野　そうだと思いますよ。大陸が基準になってると。だから、あなたに、ほんとに愛国心があるなら、中国を意識した国の名前なんていうのは二度と使わないぐらいいったらどうだ、直ちに変えてしまえという運動をおこすのが筋だといってやろうかと思ったんだけど（笑）。実際それは事実ですね。非常に大陸を意識した国の名前でしょう。

もちろん太陽信仰もあるのですが、中国大陸には、あまり太陽信仰はないようですね。

石井　そうなんですか？

網野　そうらしいですよ。いずれにせよそんなに強くはないみたいですよ。逆に日の沈むところについては、なんのマイナス価値もないんだって。中国人の歴史家がそういう論文を書いていました。

石井　それこそ農本主義かもしれないけれども、水田稲作と太陽信仰とは相伴うように、なんとなく、今までいわれていたようだけれども、はたして事実なのかどうか。

網野 ええ。中国大陸の北部には水田がないですから、なくてもいいのでしょうね。

石井 当時はまだ華北が、いろいろな中心でしょうからね。

網野 だから、「日出ずる処の天子」は、「天子」という言葉が煬帝の逆鱗にふれたのだと、中国の歴史家がだいぶ前にいっています。だから、「天皇」も、公式の外交文書ではとおらなかったと思います。前近代には東アジアには天皇は公的に通らなかったでしょうね。天皇が使われたのは渤海との外交だけと聞いています。

もちろん中国大陸の歴史書に、『日本書紀』をそのまま引用したようなものもありますが、これは歴史で、公的な文書ではありません。

石井 それはのちの正史でしょ。

網野 ええ。唐の段階では認めていないんですよ。公式文書ではその後も使われてないでしょう。

石井 両方とも大和言葉で読むときは「日本」でも「やまと」でしょ。

網野 それはそうでしょうけれども、「日本」になってからは、「やまと」とは読んでないから。

石井 やっぱり音読みですか。

網野 音読みでしょう。「日本書紀《にほんしょき》」でしょう。

石井 『六国史』でも『日本書紀』以外、大和言葉で読むのはないですかねえ。

網野 「やまとさんだいじつろく」なんていわないと思いますね。やはり「にほんさんだいじつろく」(『日本三代実録』)でしょう。

訓の世界に入れば、「やまと」だから、「日本武尊」と書いて、「やまとたけるのみこと」も訓でしているのでしょうけれどもね。「和州」とか「大和」という字が一方にありますからね。

石井 訓の世界で見ると、あまり太陽とか、入ってこないんですね。

網野 そうですね。

【7】明治の人々

網野 また明治にもどりますが、どこまで政府が江戸時代の本来の姿を意識的に隠したのかですが、とにかく、「御一新」ですからね。

百姓という言葉は使わないわけで、明治政府は平民にするわけでしょう。その反面、百姓を、そのまま農民に読み替えて、戸籍を作ってしまうわけですね。百姓は差別語だという意識を、明治政府は持っていたのではないでしょうか。「士農工商」の基準で戸籍をつくるのですが、この「四民」も明治政府が意識的に強調して江戸時代の実態にしてしまったのだと思います。実際、江戸時代の社会については、「士農工商」は全く虚像ですからね。研究者も十分知っているはずなのに、なぜか現在まで教科書的には幕藩体制は「士農工商」になっているわけです。

そのへんを十分に考えながら、江戸時代という時代をリアルに見て、その中に蓄積されてきたものを、ほんとに意識的に継承し、プラスのものを生かしていこうという方向には明治政府は決して動いていないですね。やはり「御一新」ですよ。封建制度は「親の敵でござる」という方向で、江戸時代を否定しているのですが、それが、また明治以降の時代を作っていく原動力でもあるわけで。

石井 江戸時代に培った経済力はそのまま受け継いでいきますね。そうでなければ絶対にできなかったということでしょうね。

網野 イデオロギーの問題はべつとしても、経済的には絶対にそうだと思いますよ。動力の問題だけでしょうね。動力が変われば、あっという間に、みんな大工業化できるぐらいの底力はあったのではないですかね。

石井 教育の面でも、やっぱり明治の人というのはすごいですね。

網野 それは、本当に驚くべきですね。

石井 実に能力があると思います。

網野 漢字の素養の上に何カ国語もできる人がたくさんいたのでしょうが、どうして、あれだけのことができたかということも大問題です。江戸時代の蓄積がなければ、やはりあれだけの力量は発揮できないですよ。

石井 アメリカに行った朝河貫一さんとか、すごくできる人が多いんじゃないの。

網野 語学なんて、外人教師のしゃべるのを外国語でノートを書いているんですからね。

石井　『中央公論』で網野さんの「古文書返却始末記」の連載と平行して、「英語達人伝説」という連載が出ているけど、あれを見ると、いずれもすごい人ばかりですね。鈴木大拙、斎藤秀三郎、岡倉天心とかね。

網野　すごいですよねえ。

石井　ああいうような人が、ごろごろしてるんじゃないかと。そこへいくと、どうも、今は、ほんとに、どうなってるのかなあと。

網野　どうして、こうなってるのか、やはりちょっとわからないですね。

私の父でも、ノートを見ると、横文字で書いているんですよ。

石井　七、八年前に史学会で百周年記念の展覧会をやったときに、辻達也さんのところから、お父さんの辻善之助さんのノートを拝借してきたんです。辻さんのノートも、外人教師の英語の講義、実に見事な達筆の筆記体で……、もう、いやになっちゃいますよ（笑）。

網野　語学なんて、何カ国語できたのでしょうね。中田薫さんなど、ギリシャ語、ラテン語から英、独、仏はもちろんでしょうからね。

石井　どうしてなんでしょう。

網野　やっぱり、大変な緊張感があったのだと思いますね。

石井　そうでしょうね。

【8】いまに残る江戸の商業語

網野　ただ、それが可能だったというのは、やはり、その前提になる素地が江戸時代にあったからだと思います。

それと、大衆的に見ても、女性を含めて、識字率はかなり高かったと思います。平仮名を読めた世界は非常に広いのではないかと思います。そういう土台が、一方に、広くあって、その上に高度な職人芸が生まれているのでしょうね。

一面で、翻訳語を作り出しているのも大変なことだったと思いますが、翻訳語を作ったことが、逆に江戸時代までの言葉を切ることにもなっているわけですね。だから、前にも出たように「資本論」を「元手論」と訳してもよかったわけですよ。賃金は給金、価値は値打で意味は十分に通じたはずなんです。しかし、「元手論」にしないで、「資本」という言葉を作り出し、労働・価値のような語を含めて、じつにさまざまな翻訳語をつくったのですね。これを中国や韓国が、みな使っているわけです。

それだけ大きなことをやったことの意味は、決して否定できないです。しかし逆にいえば、それは江戸時代に蓄積された力量があったから可能だったと思うので、そこのところの転換の仕方が大問題なんですよね。

だから、商業の実務の世界では、江戸時代の言葉は全部、いまでも使われているわけですね。相場、株式、取引、手形、切手から寄付、大引などいまも生きています。ところが学問用語は、それとは離れたところで通用し、そこに経済学は成り立ってるわけです。その両者の関係をきちんと見極めておかないと間違ってしまいます。一方の翻訳語の世界に、どんどん、どんどん入っていってしまったことに大きな問題があります。それは、今、アジアで起こっている問題にも及ぶ問題かもしれないですね。

なんで日本の作った「共産主義」という言葉を使ってるのですか？　と聞いてみてもいいわけでしょう。あれは、中国や朝鮮に本来ない言葉であるはずですよ、中国語には共産主義や社会主義という言葉は本来なかったのではないでしょうか。

石井　みんな、日本の訳語を使ってますね。

網野　日本の訳語ですよ。「共産」という言葉は中国の語彙の中にあるかもしれませんけどね。

石井　それこそ、均田とか均産とか、そういう言葉を使うんじゃないのかなあ。

網野　そうでしょうね。しかし「常民」は朝鮮語だと、私は思います。「常民」は「百姓」と同じといってよいと思いますけれどもね。

柳田さんや渋沢さんは、「百姓」というと「農民」になってしまい、差別的になるし、「庶民」は学問的な用語になりにくいし、「人民」も左翼的だし、「平民」も士族との対応で差別的になるので、なんといおうかと考えられたはずなんです。そこでは朝鮮語はニュートラルなんです。日本人にとっては全然、手垢にまみれてない言葉になります。

尹健次《ユンコンチャ》さんに聞いてみたら、「常民」という言葉はどちらかというと差別語だよと、彼はいっていましたよ（笑）。「両班」に対する「常民」なんですね。その下に「賤民」がいるわけです。しかしそれを知っていてね、柳田さんや渋沢さんは日本語の語彙にない語を使われたのだと思います。これは翻訳語とは違いますね。このことは早川孝太郎が気がついているのではなかったかと思います。

あとがき

石井進氏と対談する機会には、これまで何回も恵まれている。ごく最近、北条氏をめぐって新人物往来社の『別冊歴史読本　鎌倉と北条氏』の誌上で対談をしたのをはじめ、国立歴史民俗博物館の館長をされていたときに〝館長対談〟のお相手をしたことや、石井氏編の日本中世史関係の論文集六冊が吉川弘文館から刊行されたとき、その一冊の『中世の村と流通』（一九九二年）の巻頭で、IとAという形で話し合ったことなど、いずれも大変、楽しい思い出として記憶に残っている。

私の方が三年ほど年上で、大学も私は旧制、石井氏は新制という過渡期をはさんでいるせいか、石井氏はいつも、どちらかといえば聞き役にまわり、私が自分勝手に感想をのべるということになりがちだったが、本書の場合、その形が最も著しいことになってしまった。

これは拙著『日本社会の歴史』（岩波新書）に対する石井氏の批評・感想が話のきっかけとなったこととの自らの結果ともいえるが、私がもっと石井氏からお話を聞き出す努力をしていれば、対談はもっと充実したものになったに相違ない。その点、私の力不足をお詫びしたいと思う。

しかし石井氏は議論の焦点になった問題については、充実した「論稿」といってもよい文章を書き加えて下さり、その部分は大変、読みごたえのあるものになっている。これに対し、私は石井氏の御指摘によって誤りに気付くことができるなど、多くの収穫をいただきながら、話したことは、いつもいっているようなことを繰り返し繰り返しのべるにとどまった。読み返してみると汗顔の至りであるが、対談の流れなのでそのままにしたところも少なくない。これも読者の御寛恕をお願いしたい。

とはいえ、石井氏の鋭い舌鋒によって、鮮明になった論点も少なくない。ただ話が古代と近代に、否応なしにかたよっていき、肝心のわれわれの専門の中世についてほとんど議論ができなかったのは、まことに残念である。

また、東と西の研究者の視点の違いについても、若干、話題になりながら十分に掘り下げることができなかった。いつかまた機会があり、私に生命があれば、愉快な対談を焦点を定めて行い、あらためて石井氏の御教示を得たいと思う。

大和書房の佐野和恵氏は、親しくいつも話し合っているために、対談の場でも勝手なことばかりいっていたわれわれの発言を整理して、このような形にして下さった。ここにいたるまでの佐野氏のさまざまな御配慮に対し、心からの御礼を申し上げたい。

網野　善彦

二〇〇〇年四月三日

米・百姓・天皇

日本史の虚像のゆくえ

2000年6月5日　第一刷発行
2004年3月30日　第三刷発行

著者…………網野善彦／石井進

発行者…………南　暁

発行所…………大和書房

東京都文京区関口1-33-4

電話　03-3203-4511　　振替　00160-9-64227

印刷所…………暁印刷

製本所…………小泉製本

ブックデザイン…………日下潤一

ISBN4-479-84052-4

http://www.daiwashobo.co.jp